中上級者が
ぶつかる
壁を破る
**英語学習
最強**
プログラム

土屋 雅稔
Masatoshi Tsuchiya
【著】

ベレ出版

まえがき

　本書は、中上級者が学習をグーンと加速させ、壁を軽々と乗り越えることを手助けする本です。

　伸び悩んでいる中上級者によく見られる傾向として、次のようなことが挙げられると思います。

● なんとなく惰性で学習している。

● 学習期間が長くなっているのに、語彙はそれほど増えていない。

● 英語に慣れてきた一方で、最初の頃よりも文法がイイカゲンになってくる。リーディングではフィーリングだけで文意を推測したり、スピーキングでは思いついた単語を並べるだけになったりして、自分の英語に自信がもてないときがある。

　このような中上級者を手助けするために、本書では、文法と語彙に大きくページを割いて学習法を紹介しています。

　文法と聞いて「いまさら？」と思うかもしれませんが、いわゆる"文法のための文法"を学習するのではなく、リーディングとスピーキングに役立つように文法を学習していきます。リーディングでは速く正確に理解し、スピーキングでは速く正確に表現できるようになります。

語彙については、ズバリ、30000語レベルまで覚えられる方法を紹介します。30000語レベルと聞いて「自分には無理だ！」と思う方もいるかもしれませんが、非現実的な方法ではなく、普通のヤル気と時間があれば誰でも実行できる現実的な方法を紹介しています。このレベルまで覚えてしまうと、たいていの新聞・雑誌・小説は、スラスラ読めるようになります。何を読んでも「知らない単語がゼロ」とまではいきませんが、「知らない単語が多くて読む気が失せる」とか「知らない単語が多くて大まかにしか文意がつかめない」ということは皆無になります。

　もちろん、現時点での語彙レベルは人によって異なりますから、30000語が大変な人には、16000語のポケット版の英英辞典も紹介してあります。さらに言えば、本書は基本的には中上級者向けですが、本書で紹介する単語の覚え方は、初心者が単語集で覚えるときにも使える方法です。ですから、現時点での語彙レベルに関係なく今日から単語学習を加速させることができます。

　「なんとなく惰性で学習している」人に対しては、「頑張りましょう！」「やればできる！」と精神論で励ます学習本が多いようです。しかし本書は、あまり精神論にページを割いていません。精神論で励まされるまでもなく、学習者の多くは頑張るつもりがあるし、やればできることはわかっているのです。問題は、「頑張るぞ！」「やるぞ！」と思い立ったときに、何をどのように学習すればいいのかわからなくなっていることにあります。何をどのようにすればいいのかが具体的に示されていれば、精神論によって励まされなくても、人は自主的に学習していくものだと思います。本書は、これを目指しています。

半年後、1年後、2年後の自分を楽しみにして、今日から学習を加速させてください。

中上級者がぶつかる壁を破る英語学習最強プログラム●目次

まえがき …………………………………………………………………… 3

❶章 総論

1 本書の趣旨
－現実に実行できる学習法－ …………………………………………… 16

2 本書の構成
－優先順位を考慮－ ……………………………………………………… 20

3 本書の対象読者&対策チャート
－現状分析をしよう－ …………………………………………………… 22

4 【中上級者の学習に必要な意識①】速度を上げる
－一気に加速しよう－ …………………………………………………… 31

5 【中上級者の学習に必要な意識②】正確さを高める
－中上級者こそ基本を大切に－ ………………………………………… 33

6 【中上級者の学習に必要な意識③】ボキャビルを優先
－単語が不足すると効率的に学習できない。たとえば多読もできない－ …… 36

7 TOEICや英検の壁を乗り越えるのは簡単
－目先にこだわりすぎない－ …………………………………………… 38

②章 単語

1部 ▶ ボキャビルのウソとホント

1 単語はどれだけ覚えたらいい?
－現実の英語で、どのようなレベルの単語が使われているのかを
確認してから、目標を決めよう－ ………………………………………… 46

2 英検1級レベルの単語はネイティブでも知らない?
－Googleでヒット数を確認してみれば、答えは一目瞭然－ ………… 57

3 5000語くらい覚えれば日常単語の95パーセント近くをカバーできるので、それ以上は覚えなくても大丈夫?
－たとえ数字が事実でも、受けるイメージは事実と異なる－ ………… 59

4 語源を活用すれば何万語でも覚えられる?
－ある程度までは有効。ただし限界があることに気づくことが大事－ ……… 62

5 書いて覚えたほうが感覚器官を総動員することになるので、効率的に覚えられる?
－時間を考慮に入れよう－ ………………………………………………… 64

6 単語は文脈で覚えるべき?
－まずは手段にこだわらずに覚えることが優先。覚えた後に、文脈で確認しよう－ …… 66

7 単語は例文と一緒に覚えるべき?
－理想と現実、手段と目的を混同しないように－ ………………………… 70

8 多読すれば語彙は自然に増える?
－発音が身につかない。覚えた単語を維持するのには有効。
自然に増えることを期待すると危険－ …………………………………… 72

2部 ▶ ポケット版の英英辞典のメリット

1 お勧めのポケット版英英辞典
－単語集よりも広い範囲をカバーしている－ ……………………………… 75

| ② | 基本単語が省略されていない
  －頭の中に似ている単語が増えてくるため、
   基本単語であっても混同することがある－ 80

| ③ | アルファベット順なので、スペルの紛らわしい単語を整理できる
  － deceit, decent, descend, descent, dissent － 82

| ④ | 説明が簡潔で覚えやすい
  －できることをやろう－ 84

| ⑤ | ポケット版なので携帯しやすく、外出先でも学習しやすい
  －マメな復習がボキャビル成功のカギ－ 86

3部 ▶ 電子辞書のヒストリー機能のメリット

| ① | ヒストリー機能とは？
  －ボキャビルの強力な味方－ 87

| ② | ヒストリー機能と単語カードの比較
  －ヒストリー機能は単語カードの長所だけをもっている－ 91

| ③ | 単語のリストが自動的に作成される
  －下準備の時間を劇的にカット－ 92

| ④ | 覚えているかどうかを確認するのに、ボタンを押すだけ
  －カードを手でめくるより、速くて簡単－ 94

| ⑤ | 単語の並べ替えもボタンを押すだけ
  －単語カードと違って、リングを外して並べ替える必要がない－ 97

| ⑥ | 発音も例文も語源も語法も、すべて参照できる
  －カードやノートは、スペースに限りがあるため、
   書き込む情報も制限される－ 100

| ⑦ | かさばらないので携帯しやすい
  － 1000 語を記録できるヒストリー機能は、
   1000 枚のカードと同等以上－ 101

8 | お勧めの電子辞書は、カシオの EX-word シリーズ
　　　ー記録できる単語数が多く、画面レイアウトも優れているー ………… 102

9 | ヒストリー機能と単語登録機能の違い
　　　ー似ているようで、まったく異なるー …………………………………… 104

4部▶英英辞典とヒストリー機能を組み合わせた覚え方の具体的な手順

1 | 英英辞典とヒストリー機能を組み合わせた覚え方の大まかな流れ
　　　ー 10000 語の壁を軽々と越えて 30000 語にチャレンジー ……………… 106

2 | 【下準備】ポケット版の英英辞典で未知語をマーキングする
　　　ー数週間から数ヵ月でパッパと終わらせようー ………………………… 108

3 | 【暗記】マーキングした未知語を、ポケット版の英英辞典で少しずつ覚えていく
　　　ー「1日1時間または2ページ」のように
　　　　時間とページで目標を立てると成功しやすいー ……………………… 110

4 | 【暗記のヒント】新しく覚えるときのコツ
　　　ー j, k, q, x, y, z を先に覚えて、c, s, i, u は後回しー ……………………… 113

5 | 【復習1】数日前までさかのぼって、ポケット版の英英辞典で復習していく
　　　ーさかのぼりすぎて、計画倒れにならないようにー …………………… 117

6 | 【復習2】覚えにくい単語を、電子辞書で引いてヒストリー機能のリストに移し、リストの先頭から毎日復習する
　　　ー相性の悪い単語も、いつかは仲良しになるー ………………………… 119

7 | 【復習2で重宝する便利なワザ】紛らわしい単語を並べて復習する
　　　ーー網打尽にするテクニックー …………………………………………… 125

8 | 【復習2のヒント】ヒストリー機能では、英英と英和のどちらを使う?
　　―理想主義にとらわれず、現実に覚えやすいほうを選ぼう― ……… 132

9 | 【復習2のヒント】ヒストリー機能では、ジーニアスとリーダーズのどちらを使う?
　　―画面レイアウトが異なることがあるので、両方で使い勝手を確認しておこう― …… 134

10 | 【復習3】ヒストリー機能のリストの末尾も毎日復習していく
　　―単語がリストから消える前に確認しよう― ……………………… 137

11 | 初中級者の場合の覚え方
　　―単語集だけでは覚えられなくなってきたら、
　　　ヒストリー機能の出番です― …………………………………… 142

12 | 手順のまとめ
　　―1年後を楽しみに― ……………………………………………… 144

5部 ▶ ちょっとしたコツやヒントなど

1 | 気分転換に、上級用の単語集をパラパラ眺めて自信をつける
　　―知っている単語が多い単語集は快感― ………………………… 146

2 | 単語集を辞書代わりにしない
　　―英語の世界が狭くなり、学習が不必要に停滞する― …………… 149

3 | 電子辞書にカバーをつけない
　　―道具は使ってナンボ。携帯電話にカバーをつけませんよね?― ………… 151

4 | 隙間時間は、復習優先
　　―基本の基本― …………………………………………………… 153

5 | すっぱいブドウに気をつけて
　　―ブドウはおいしいし、単語は楽しい― ……………………………… 154

6 | いつでもどこでも学習する。しかも気持ちよく
　　―水辺、公園、ファミレス、ホテルのロビー、ストレッチ― ………… 156

❸章 文法

1 問題集を徹底的に繰り返し復習して、1冊を10分くらいでチェックし終える
　　－復習に時間をとられない秘訣－ ………………………………………… 160

2 問題集に気が進まない人
　　－学ぶことは真似ること。問題集は優れた手段－ ………………………… 163

3 文法書を通読する
　　－単行本と同じ感覚で読んでみよう。思ったより楽しく読めるはず－ …… 164

4 時間のない人は、試しに洋書の文法書を通読してみる
　　－効率的。ただし無理はしないで－ ………………………………………… 170

5 苦手な文法項目は、文法書だけでなく、電子辞書でも調べる
　　－文法書より電子辞書のほうが便利なときがある－ ……………………… 172

6 一定期間、文法テーマを決めて、英語を読む
　　－たとえば「今週は冠詞!」のように文法テーマを決めて、
　　　英文中のすべての冠詞をチェックして読んでみる－ …………………… 182

7 例1　theやaなどの冠詞に注意して読んでみる
　　－優先順位の高いものと、それほどでもないものがある－ ……………… 184

8 例2　ingに注意して読んでみる
　　－単なる癖で「～こと」「～している」としないように－ ……………… 190

9 例3　過去分詞に注意して読んでみる
　　－形容詞用法や副詞用法が難しい場合もある－ …………………………… 195

10 例4　従位節に注意して読んでみる
　　－節がわからないと英語がわからない－ …………………………………… 199

11 例5　等位接続詞に注意して読んでみる
　　－意味が簡単だからと安心しない－ ………………………………………… 204

| 12 | 例6 that に注意して読んでみる
　―用法が多いので、要注意― ……………………………………… 213

| 13 | 例7 数字に注意して読んでみる
　―数字の前の前置詞に特に注意― ……………………………… 216

| 14 | 気分転換に、文法の軽い読み物を何冊も読んでみる
　―「否定なら任せなさい！」というような得意分野をもとう― ……… 222

4章 スピーキング

1部 ▶ スピーキング練習の概要

| 1 | 原則として、スピーキングとリスニングを同時にトレーニングする
　―発展トレーニングとして、リスニングを伴わないスピーキングの
　　トレーニングをする― ………………………………………… 228

2部 ▶ 口頭英作文

| 1 | 【テキストの選び方①】英会話の例文集
　―疑問文の多いテキストを使おう― ……………………………… 231

| 2 | 【テキストの選び方②】高校の例文集
　―例文が直訳調で短いものから始めよう― ……………………… 233

| 3 | 【テキストの選び方③】文法書
　―気合いのある人はチャレンジ。やってみると面白いし、思ったほど大変ではない―… 238

| 4 | 何回くらい繰り返す？
　―理想主義でなく現実主義で。自分が英語に費やせる時間の範囲内で、
　　「英語が身についている」と感じられる回数を繰り返そう― ……… 244

| 5 | 毎日少しずつ繰り返すと快適
　―30回繰り返すのであれば、1日に30回繰り返すよりは、
　　1日3回ずつ10日連続して繰り返す―……………………………… 247

| 6 | 文法書は 10 ページくらいに分割してホチキスで束ねる
　　−外出時にポケットに入れて、景色を楽しみながらトレーニング−　……………… 251

| 7 | 付属 CD のちょっとした使い方
　　−聞き流し用に使える−　………………………………………………………… 253

| 8 | 少し趣向を変えた口頭英作文
　　−文法書の目次で口頭英作文してみる−　……………………………………… 255

| 9 | スムーズにトレーニングを進めるコツ
　　−苦手な文法項目は、文法ルールを日本語で
　　　暗唱できるようにもしておく−………………………………………………… 258

3 部 ▶ 音読

| 1 | ある程度の長さとストーリー性のある英語を音読する
　　−飽きにくいものを探す−　……………………………………………………… 261

| 2 | お気に入りの小説の一節
　　−大好きな小説がある人はラッキー−　………………………………………… 263

| 3 | 繰り返し口にするに値する、役立つ自己啓発書の一節など
　　−毎日自分に言い聞かせよう−　………………………………………………… 265

| 4 | 繰り返し読むに値する、自分が学びたい分野のテキストの一節
　　−ダイエットや禁煙・禁酒などの how to 本なら、繰り返し読める！−　…… 267

| 5 | 音読を繰り返した後は、積極的に暗記してみる
　　−暗記してしまえば、いつでもどこでも練習できる。
　　　荷物で両手がふさがっていても練習できる−　……………………………… 270

4 部 ▶ 発音

| 1 | 丁寧に発音しよう
　　−今より上のレベルを目指すのであれば、今より丁寧に読もう−　………… 277

| 2 | 過去形の発音のルール
　　− watched, waved, wanted はどう発音する？−　……………………………… 281

3 1人で練習するのであっても、目の前に聞き手がいることを
想像して口に出す
　－朗読を聞かせるようなつもりで－ ……………………………………… 283

❺章 精読

1 文の構造を意識した英文解釈の参考書を定期的に復習する
　－復習を繰り返して英文が身についてくると、日本語の訳や説明を読む
　　必要がなくなるので、実質的に読む部分は半分以下に減ってくる。
　　分厚い参考書も、半日あれば簡単に読み終えられるようになる－……… 286

2 思想書や哲学書のような、抽象的な英文を毎日少しずつ丁寧に読む
　－抽象的な英文は、フィーリングや背景知識によるゴマカシが利かないので、
　　文の構造と論理展開を意識して読むのに適している－ ………………… 288

❻章 速読

1 日本語で1日1冊読めるのであれば、洋書も1日1冊読んでしまおう
　－速読は、気持ちが大事。
　　「日本語と同じくらい速く読もう！」と意識しよう－…………………… 294

　　あとがき ……………………………………………………………… 298

1章 総論

本書の趣旨
― 現実に実行できる学習法 ―

『まえがき』にも書きましたが、本書は、ある程度学習法を確立している中上級者が、壁を乗り越えてワンランクアップするのを手助けすることを目的としています。中上級者がぶつかる壁のうち、重要なもの、困難なもの、工夫の必要なものをピンポイントで重点的に説明しています。結果的に、単語のページが一番多くなりました。理由は3つあります。

● **重要性が高くなること**

中上級者ほど、多様な分野の英語を大量に速く正確に理解することが求められるために、より多くの単語が必要になります。

● **覚えるのが格段に難しくなること**

ボキャビルの重要性はわかっているので相当の決意をもって始める人が多いのですが、それでも非常に多くの人が挫折していきます。中上級者の単語は、覚えるのが格段に難しくなるのです。

● **上記にもかかわらず、中上級者向けに現実的な覚え方を紹介した本が皆無であること**

「多読しなさい」「語源を活用しなさい」「文脈で覚えなさい」のよ

うなアドバイスなら巷にあふれています。これらの方法はある程度は有効ですが限界もあります。それらのアドバイスだけで高度な語彙をたくさん覚えられる人は、現実にはほとんどいません。もし覚えられるのであれば、今頃もっと多くの学習者が洋書や洋雑誌を楽しんでいるはずです。

本書では、誰でも現実に実行できる効率的な覚え方を説明しています。多くの読者にとって初めて聞く方法だと思われるためもあって、大きくページを割いています。

*

単語だけでなく、文法、スピーキング、精読、速読の各章についても、重要性、難易度、工夫の必要性などを考慮に入れて、大胆にページ数を決定しました。英語の4技能について平均的にページを割り当ててはいません。それだと一見バランスがとれているようでいて、実はアンバランスになってしまいます。たとえて言うと、タンパク質と炭水化物とビタミン類を同じ量だけ摂取しようとするようなものです。

文法については、中上級者になるほど、中途半端にしている人が多いものです。文法を意識しなくても英語がわかるようになってくることも理由の1つです。しかし、文法を中途半端にしているせいで伸び悩んでいる中上級者は多いのです。しかも、文法が原因で伸び悩んでいる場合、本人が原因を自覚しにくいことも、長い間、停滞してしまう原因の1つになっています。

単語不足が弱点の場合は未知の単語に出合うたびに単語不足を自覚

できますが、文法が苦手で英語がわからない場合は、たとえば省略が苦手で英語が読めない場合、省略が生じている英語を読んだときに、そもそも「ここで省略が生じている！」と気づけないのです。弱点の自覚がないため、いつまでも弱点が残ることになります。

　このような中上級者にありがちな弱点を乗り越えるために、文法にも多くのページを割いています。基本中の基本でありながら中途半端にされがちな文法項目については、チェックリストも用意しておきました（p.28）。

　また、文法の弱点に限らず、発音の癖なども自覚しにくいものです。さらに言えば、文法や発音といった学習項目に限ることなく、中上級者の場合は自分なりの学習法を確立しているために、かえって学習法に癖がついていて、その癖を自覚していないことがあります。学習法で迷ったり不安になったりする必要はまったくないのですが、「自分の学習法に無駄がないか？」「工夫の余地はないか？」と冷静に分析してみることが、さらなる上達へのキッカケとなります。

　本書には、中上級者が自分の学習法や弱点、癖を見直すときの具体的なヒントやコツをたくさん収めました。

＊

　英語講師をしていると、頭の回転の速い人、記憶力のよい人、発音のよい人、耳のよい人など、多くの優秀な生徒さんに出会います。「この人は、このまま学習を続けていくとスゴイことになる！」と感心することも珍しくありません。それでも学習を続けていくうちに、どこか

で壁に当たるものです。そのような壁を生徒さんが乗り越えるのを手伝ってきた経験や、私自身が壁を乗り越えてきた経験が、本書のもとになっています。壁に当たっている中上級者を手助けするための「現実的な学習本であること」が本書の趣旨です。

2 本書の構成
― 優先順位を考慮 ―

　本書は、多くの中上級者が伸び悩み、乗り越えられないでいる壁について、ピンポイントで重点的に説明しています。リーディング、リスニング、ライティング、スピーキングの4技能について平均的にページを割いてはいません。

●単語

　10000語レベルを軽く突破して、30000語近くまで覚える方法を具体的に示してあります。非常に多くの人が挫折する分野であることと、このレベルの単語の覚え方を示した学習本が見当たらないことを理由に、思い切ってページを割いてあります。

●文法

　文法知識を整理し、応用する手順を示してあります。知識の整理は、高校の問題集を徹底的に復習することと、文法書を通読することで行います。知識の応用は、一定期間、文法テーマを決めて英文を読むことで行います。

●スピーキング

　音読と口頭英作文の手順を紹介してあります。どちらも昔から定評のあるトレーニングですが、効果的だとわかっていながら続けられな

い人が多いようです。そこで続けるための工夫に多くのページを割いています。また、文法とスピーキングを同時にトレーニングする方法として、文法書やその目次を使った口頭英作文の手順を紹介してあります。

● 精読

　精読と速読の両方が大切だとよく言われます。精読は、文の構造が理解できていれば、丁寧に読むだけのことなのですが、「何をどうやって」丁寧に読むのかわからないという人のために、具体的な手順を示しておきました。

● 速読

　資格試験や問題集で出される程度のボリュームであれば時間内に読めても、新聞や雑誌やペーパーバックはスラスラ読めない人が多いものです。そんな人のために、速読の大事なコツを数ページにまとめておきました。コロンブスの卵みたいなものです。

● 前著『〈具体的・効率的〉英語学習最強プログラム』との関連

　前著が主に初中級者を対象としているのに対して、本書は中上級者を対象としています。前著とは独立していますので、中上級の方は、本書だけ読んでいただいても問題ありません。もちろん前著を読まれて学習が軌道に乗っている方は、ぜひ本書も参考にして学習を加速させてください。

3 本書の対象読者 & 対策チャート
― 現状分析をしよう ―

　本書は、次のような人を対象としています。具体的な対策は、該当箇所の本文を参照してください。

リーディング

☐ 大意は理解できるが、細部で曖昧な点が残ることが多い。

☐ 知っている単語と背景知識を組み合わせてカンで読んでいることが多い。

☐ 新聞記事は読めるが、エッセイや小説などの柔らかいものが難しい。

☐ エッセイや小説などの柔らかいものは読めるが、新聞記事は苦手。

☐ 辞書を使っても、読めないことが多い。

☐ 未知の単語が多くて読めない。

☐ とにかく読むのが遅い。

1章 総論

➡この問題点を乗り越えるために必要な対策

⇨ 文法（p.159）& 精読（p.285）

⇨ 文法（p.159）& 精読（p.285）

⇨ 文法（p.159）& 精読（p.285）
- 背景知識や語彙に頼りすぎた読み方をしている可能性がある。

⇨ 単語（p.45）

⇨ 文法（p.159）& 精読（p.285）
- 辞書を使っても読めないのであれば、語彙以外に原因がある。

⇨ 単語（p.45）& 速読（p.293）
- 単語を増やすのは当然として、知らない単語を一時的に読み飛ばす大胆さを、速読で身につける。

⇨ 速読（p.293）
- 他にも原因があれば取り除く。語彙不足であれば語彙を強化し、文法が苦手なら文法を強化する。

- [ ] 英語を読んだ量が少ない自覚がある。

スピーキング

- [ ] ワンパターンのフレーズで話すことが多い。

- [ ] 思いついた単語をそのまま口にすることが多く、語順や語尾の形に注意する余裕がない。

- [ ] 大まかな意思の疎通はできるが、細かいことを正確に伝えるのは難しい。

- [ ] 思ったことを口にするのに時間がかかる。

- [ ] 個々の発音記号は読めるが、文になると発音がイイカゲンになってしまう。

- [ ] 英語を口にした量が少ない自覚がある。

- [ ] 短い文は話せるが、長い文は話せない。

- [ ] watched, waved, wanted などの過去形の発音に自信がない。

- [ ] 自分の英語が正しいのかどうか、いつも不安。

1章 総論

⇨ 速読 (p.293) & 音読 (p.261)

➡この問題点を乗り越えるために必要な対策

⇨ 口頭英作文 (p.233)
- 高校の例文集を使って、表現のバリエーションを増やす。

⇨ 口頭英作文 (p.231)

⇨ 口頭英作文 (p.231) & 発音 (p.277)

⇨ 口頭英作文 (p.231)
- 例文が短い直訳調のテキストを使う。

⇨ 発音 (p.277)

⇨ 音読 (p.261)

⇨ 音読 (p.261)
- 長い文章を暗記したうえで、繰り返し暗唱する。

⇨ 発音 (p.281)

⇨ 口頭英作文 (p.255) & 発音 (p.277)
- 漠然と不安に思うのではなく、不安の原因を取り除く。発音に自信がない場合は発音を、文法に自信がない場合は文法書の口頭英作文を増やす。

単語

- [ ] 単語が覚えられなくて困っている。
- [ ] 語彙が増えるにつれ、紛らわしい単語も増えてきて、整理できなくて困っている。
- [ ] 復習しないと忘れてしまうし、復習していると新しく単語を覚える時間がない。
- [ ] 単語集を辞書代わりに使っている。
- [ ] 英検1級レベルの単語は不要だと思っている。
- [ ] 5000語くらい覚えれば十分だと思っている。
- [ ] 単語は語源で覚えるべきだと思っている。
- [ ] 自分は書いて覚えるタイプだと思っている。
- [ ] 単語は文脈で覚えるべきだと思っている。
- [ ] 単語は例文と一緒に覚えるべきだと思っている。
- [ ] 単語は多読で自然に増やすべきだと思っている。

文法

- [ ] 問題集や試験では文法が得意だが、読んだり話したりするのが苦手。
- [ ] 文法の問題集や試験では、総合点こそ高いが、いつも間違えてしまう苦手な項目もある。

1章
総論

➡この問題点を乗り越えるために必要な対策

⇨ 英英辞典とヒストリー機能を組み合わせた覚え方の具体的な手順（p.106）

⇨ 英英辞典とヒストリー機能を組み合わせた覚え方の具体的な手順（p.80、82、125）

⇨ 英英辞典とヒストリー機能を組み合わせた覚え方の具体的な手順（p.117、119、137）

⇨ ちょっとしたコツやヒントなど（p.149）

⇨ ボキャビルのウソとホント（p.57）

⇨ ボキャビルのウソとホント（p.59）

⇨ ボキャビルのウソとホント（p.62）

⇨ ボキャビルのウソとホント（p.64）

⇨ ボキャビルのウソとホント（p.66）

⇨ ボキャビルのウソとホント（p.70）

⇨ ボキャビルのウソとホント（p.72）

➡この問題点を乗り越えるために必要な対策

⇨ 口頭英作文（p.238）＆ 一定期間、文法テーマを決めて英語を読む（p.182）

⇨ 問題集を徹底的に繰り返し復習して、1冊を10分くらいでチェックし終える（p.160）＆ 苦手な文法項目は、文法書だけでなく電子辞書でも調べる（p.172）＆ スムーズにトレーニングを進めるコツ（p.258）

- [ ] 問題集は正解を覚えてしまって正答できても意味がないので、あまり復習しない。
- [ ] 文法はあくまでも手段なので、あまり問題集をやる気にならない。
- [ ] 定評のある文法書を購入したが、使いこなせていない。

　以下は、基本中の基本でありながらイイカゲンにされがちな文法項目です。苦手なうちは重要性に気づくことができないため、「なんでこんなことが必要なの？」と思いがちですが、できるようになった後は、「これができないと英語はどうにもならない」ということが実感できる文法項目です。できない項目は、『口頭英作文』（p.233）、『問題集を徹底的に繰り返し復習して、1冊を10分くらいでチェックし終える』（p.160）と『スムーズにトレーニングを進めるコツ』（p.258）を参照して、できるようにしておきましょう。

- [ ] 不定詞の用法を3つは挙げられる。
- [ ] それぞれで例文を作れる。

- [ ] 動名詞と現在分詞を区別できる。
- [ ] それぞれで例文を作れる。

- [ ] 現在分詞の用法を3つは挙げられる。
- [ ] それぞれで例文を作れる。

- [ ] 過去分詞の用法を4つは挙げられる。
- [ ] それぞれで例文を作れる。

⇨ 問題集に気が進まない人（p.163）

⇨ 問題集に気が進まない人（p.163）
⇨ 文法書を通読する（p.164）＆ 口頭英作文（p.238）

1章 総論

□ 句と節を区別できる。
□ それぞれで例文を作れる。

□ 名詞節、形容詞節、副詞節を区別できる。
□ それぞれで例文を作れる。

□ 名詞句、形容詞句、副詞句を区別できる。
□ それぞれで例文を作れる。

□ 関係副詞を4つは挙げられる。
□ それぞれで例文を作れる。

□ 関係代名詞を5つは挙げられる。
□ それぞれで例文を作れる。

□ 先行詞を含む関係代名詞のwhatと、疑問代名詞のwhatを区別できる。
□ それぞれで例文を作れる。

- [ ] 先行詞の省略された関係副詞と、疑問詞を区別できる。
- [ ] それぞれで例文を作れる。

- [ ] 第3、第4、第5文型の過去分詞のそれぞれで、形容詞用法と副詞用法の例文を作れる。
- [ ] thatを使って、名詞節、形容詞節、副詞節の例文を作れる。
- [ ] ifを使って、名詞節と副詞節の例文を作れる。
- [ ] whetherを使って、名詞節と副詞節の例文を作れる。

4 【中上級者の学習に必要な意識①】
速度を上げる
— 一気に加速しよう —

　中上級者になると、ある程度のスピードで読んだり聴いたりできるようになります。ここで一息ついてしまい、学習が停滞してしまう人が多いのですが、せっかくスピードがついたのですから、休まず加速しましょう。

　具体的な学習手順は各論で述べますが、各論に共通する姿勢として、速度を上げることを意識してください。

● リーディング

　資格試験や問題集の長文は読めるようになっても、本や雑誌や新聞だと、日本語の倍以上の時間がかかってしまう人が多いです。それでは実用に堪えませんので、1.5 倍以内に収めるようにしましょう。

● 単語の反応速度

　単語の意味を思い出すのに 1 秒以上かかるようでは使えません。中上級者の場合、難しめの単語が増えてきますから、最初は覚えるだけで精一杯で反応速度が遅くなるのは仕方がないのですが、そこで「仕方がない」で終わらせずに、復習を繰り返して 1 秒未満で反

応できるようにしましょう。

● 以前に覚えた単語集の復習

　せっかく覚えた単語集も、復習しないと忘れてしまいます。「復習する時間を確保できない」ことが多くの人の悩みですが、単語の反応速度を1語1秒未満まで高めておけば、復習は早く終わります。単語集1冊ぐらい1日で復習できるようにしましょう。

● 文法の問題集の復習

　文法がイイカゲンだとすべてがイイカゲンになります。かと言って、他にやることがたくさんあるので、文法だけに時間をかけるわけにもいきません。間を置かずに繰り返し復習することで、速度を上げてください。あっという間に復習が終わるようになればOKです。

● 資格試験などの目標を達成する期間

　資格試験の目標がある場合は、その達成期間を短縮しましょう。1年後に合格するつもりでいたものは、半年で合格するつもりで学習しましょう。時間が経過していない分、忘れる量が少ないというメリットもあります。

　　　　　　　　　　　　＊

　スピードを上げることによって、量をこなすことができます。量をこなすことによって、トレーニングが良質なものへ変化していきます。

5 【中上級者の学習に必要な意識②】
正確さを高める
— 中上級者こそ基本を大切に —

　英語に限らず、上達するということは速くて正確になることだと思います。仕事のできる人を思い出してください。皆、速くて正確だと思います。オペレーターのキーボード入力も料理人の包丁さばきも速くて正確です。

　中上級者の場合、英語に慣れてくる一方で、正確さが欠けてくる人は多いものです。正確さが欠けてくると、自信をもって使えませんし、上達が感じられずに閉塞感が増してきます。

　具体的な学習手順は各論で述べますが、速読を除く各論に共通する姿勢として、正確さも意識してください。

● リーディングのときの文法

　英語に慣れてきて、無意識に処理できる部分が増えているのはよいのですが、単なる癖でイイカゲンに処理している部分も増えてきます。不定詞を全部「〜こと」にしたり、ing を全部「〜している」にしたりするのが典型です。また、慣れだけでは処理できないような複雑な英文に接したときに、お手上げになってしまう人も多いで

す。中上級者こそ、基本に戻って文法を大切にしましょう。このとき漠然と「文法に注意しよう」と思うのではなく、「冠詞に注意しよう」「関係詞に注意しよう」のように、具体的にチェック項目を設定しましょう。

● **スピーキングのときの文法**

　一見、流暢に話しているようでも、動詞の活用など、語尾に意識を向けない人も多いです。動詞の活用（原形、過去形、過去分詞形、ing 形、現在形）は、英文を組み立てるうえで特に重要ですから、いつでも意識するようにしましょう。ネイティブの話す英語の語尾が私たちには聴こえにくいことが多いために、「語尾は発音しなくてもいい」と錯覚してしまうのかもしれませんが、ネイティブは発音していないのではなく、弱く短く発音しています。

● **文中での発音**

　初中級者のときは舌や口の動きを意識していたのに、中上級者になると意識しなくなり、正しく発音しなくなる人が多いです。特に、単語では正しく発音できても、文中でイイカゲンになる人が増えてきます。具体的には、th の発音ができていない人は特に多いです。this を dis のように発音したり、think を sink のように発音してしまうのです。th は、that, this, the, with など使用頻度の高い語に多いですから、しっかり意識して発音しましょう。

● **アクセント**

　基本単語のアクセントを、今一度、確認しましょう。
　banana, manage, damage, image, industry, delicate など。

● 発音

基本単語の発音も、今一度、確認しましょう。

warm, warn, work, walk, allow, arrow, bomb, tomb, comb, climb など。

● 紛らわしい動詞の活用

動詞の活用も、今一度、発音とともに確認しましょう。

rise, raise, lie, lay, fall, fly, seek, write, ride など。

*

完全主義者になる必要はありませんが、ある程度の正確さは必要です。

6 【中上級者の学習に必要な意識③】
ボキャビルを優先
― 単語が不足すると効率的に学習できない。
　たとえば多読もできない ―

　多読と精読、多聴と精聴が大事だと言われます。しかし、この4つのうち、多読をしている中上級者は意外と少ないものです。単語が不足しているために、英文が退屈で、多くを読めないのです。

　多聴であれば、関心のあるドラマや映画を使えば、聞き取れない箇所が少々あっても、「ところどころわかる」感覚があれば聞き続けるのは苦にならないものです。実際、通勤中に聞き流している人は多いでしょう。対して、多読は、「ところどころわかる」感覚があっても、続かないものです。通勤中に英語を読み流しているという人は少ないのではないでしょうか。多読は、「かなりわかる」くらいの感覚がないと続かないものなのです。そして「かなりわかる」ためには、かなりの単語が必要です。

　しかし、ボキャビルの重要性がわかっていても、挫折する中上級者は非常に多いです。それには次のような理由があります。

●語彙そのものが難しくなる。cold（かぜ）より tuberculosis（結核）のほうが覚えにくい。

- 基本単語と比べれば、覚えた単語に実際の英文で出合う頻度が低くなる。「覚える意義がないのでは？」と感じられることがある。

- 覚えた単語が増えてくると、復習にかける時間がなくなる。

- 上達するにつれて、紛らわしい単語が増えてくる。新しい単語を覚えるときに、頭の中にすでに紛らわしい単語があるため、覚える負荷が高くなる。たとえば complement（補足するもの、補語）という単語を新しく覚えるとき、すでに頭の中に似たような compliment（お世辞、誉めること）があるために、混同しやすくなる。

- 基本単語のときに有効だった覚え方（語源や例文などの活用）が、難易度の高い単語では有効でなくなってくる。

*

単語の悩みは本書で解決できます。ボキャビルを優先して学習してください。

注意点

本書では、リスニングのトレーニングは紹介していません。リスニングには多聴と精聴が必要ですが、精聴の手順は前著で詳しく紹介してありますし、多聴は、要はたくさん聴くということですが、これが困難な人はいないからです。iPod やインターネットが普及した現在、聴くものに困ることはないし、上記のとおり、聞き流すことは、読み流すことより簡単だからです。

7 TOEICや英検の壁を乗り越えるのは簡単
― 目先にこだわりすぎない ―

　TOEICや英検の壁をなかなか乗り越えられなくて、落ち込んだり自信をなくしたりする人は多いものです。

　そういう人たちに最初にお伝えしたいのは、英語は、学習を続けていれば必ず上達するということです。そして上達すれば、遅かれ早かれ、資格試験の結果に反映されます。英検であれば必ず合格しますし、TOEICであれば必ずスコアアップします。学習を続けている限り、心配することはありません。

　大局的には心配ないということを踏まえたうえで、冷静に現状を分析して改善点を探してみるとよいでしょう。

　TOEICや英検の壁を乗り越えられない場合、原因は、たいてい次の3つです。

---

1. 目標達成に必要な時間を見誤っている
2. 勉強に時間を割いているつもりで、実質的な勉強時間が少ない
3. 非効率的な学習をしている

相互に関連していることが多いのですが、ここでは個別に簡単に説明していきます。

1. 目標達成に必要な時間を見誤っている

目標が高くなるにつれて、達成に必要な時間も多くなります。今までと同じペースでは進めなくなるのは当然です。これは頭ではわかっていることだと思いますが、気持ちのうえでは、多くの人が、今までと同じペースで進むものと期待してしまうようです。そして同じペースで進まなくなると、「なかなか壁を越えられない」と嘆くことになります。しかし、これは想定内のことですから落ち込む必要はありません。淡々と学習を続けていけば、そのうち上達します。

2. 勉強に時間を割いているつもりで、実質的な勉強時間が少ない

たとえば、電子機器を活用して学習している人は、使い方によっては、紙での学習に比べて非効率的になっていることがあります。画面に表示される英文の量や、画面をスクロールするスピード、答え合わせにかかる時間などを考慮して、実質的な勉強時間を紙の場合と比較してみるとよいでしょう。たとえば「1日○問」「1日○分」のような形式で英文や問題がオンラインで配信されるものがありますが、極端な場合、新聞の1段落にも満たない英文を扱うだけの場合があります。これは紙の新聞を持ち歩いていれば1分どころか数十秒で終わる作業です。塵も積もれば山となるとはいえ、これでは塵に対して時間をかけすぎです。

ながら勉強をしている場合も、あまり勉強になっていないことがよくあります。ながら勉強そのものは悪いことではありませんし、私自

身、ながら勉強を積極的に取り入れています。ただし、ながら勉強を長時間しても、長時間学習したとは思わないようにしています。さもないと、実質的には学習になっていないのに、「長時間勉強しているのに上達しない」と錯覚してしまうからです。

　下準備に時間をかけすぎていることもあります。ノートやカードの作成、問題集の答え合わせ、単語集への未知語のマーキングなどは、下準備にすぎません。これらの作業だけで学習したつもりでいると、「勉強しているのに上達しない」と錯覚して嘆くことになります。

3. 非効率的な学習をしている

　どんな勉強法であれマイナスになることはないので、「間違った学習法」というものはありません。それでも、効率的な学習法と非効率的な学習法はあります。たいていはオーソドックスに学習していれば自分に合った学習法が確立されていくものですが、壁を越えられないで焦っているうちに学習法に迷ってしまい、いつの間にか非効率的な学習法をしていることがあります。

　たとえば、

- 焦って教材を何種類も購入して、すべて中途半端に終わってしまう。
- 「試験に頻出する」ことをセールスポイントにした単語集や問題集をメインに学習している。
- 過去問題集、公式問題集、模擬問題集をメインに学習している。

　「試験に頻出する」ということの意義を考えてみましょう。「試験に

頻出する」というキャッチフレーズは、特にTOEICの問題集や単語集に多く見られます。ところで、TOEICの英語は、癖のない平易な英語です。癖のない平易な英語の試験に頻出するということは、それが基本的なものだということです。実際、「試験に頻出する」ことをキャッチフレーズにしたTOEICの問題集や単語集を見てみれば、基本レベルのものが大半であることがわかると思います。文法であれば高校文法で十分だし、単語であればアイシーピーの『DUO 3.0』やアルクの『究極の英単語 Vol.2』レベルのものが大半です。

　もちろん、「試験に頻出する」ことをセールスポイントにした単語集や問題集は、やってマイナスになることはなく、プラスになります。ただ基本をしっかり身につけていれば、これらの単語集や問題集は既知のことが大半ですから特に必要ないということです。

　もしメインに何冊もやっているのであれば、本来は既知であるはずの基本が、体系的に身についていないということになります。だから何冊も手を出してしまうわけです。大学受験用の文法問題集や単語集を簡単なものから復習して、基本を体系的に身につけることが先決です。

　過去問題集、公式問題集、模擬問題集をメインに学習しているというのも、上記とほぼ同じです。学習をしているという点でプラスにはなっているのですが、これらの問題集でないと得られないというようなメリットもありません。試験形式に慣れるというメリットも、何度か試験を受けてしまえば関係なくなります。

　そして、学習が非効率的になってしまうことがあるのは、体系的な

知識が身につきにくいという点に加えて、人によっては集中力が失われやすいからです。

　たとえば、TOEIC の英語を考えてみましょう。TOEIC では、空港でのアナウンスや、ビジネス上のメールなど、現実的な状況が扱われることが多く、癖のない平易な英語が使われています。身につけるべき手本としては、非常に優れています。ただ、手本として非常に優れているからといって効率よく学習できるかというと、意外とそうでもないのです。架空の事柄が扱われているため、関心を保ちにくいのです。自分が当事者であればメールもアナウンスも真剣に理解しようとしますが、架空のアナウンスやメールは、退屈になりがちです。

　過去問題集、公式問題集、模擬問題集でしか得られないものがあるのであれば、退屈だとか言っている場合ではありませんが、使われている英語がオーソドックスなものである以上、特別な対策をしなくても、オーソドックスな英語に対応できるように学習していけばいいわけです。単語を増やし、文法を強化し、発音を身につけ、精読と速読、精聴と多聴をし、なるべく声に出すようにしていれば、それで十分です。

*

　ここまでの「オーソドックスに学習していれば OK」ということを踏まえたうえで、資格試験のちょっとしたコツとヒントをお話ししましょう。

　資格試験については、「もっと上達して実力がついてから受験しよ

う」と思う人が意外と多いものです。しかし、資格試験に関心があるのなら、毎回のように受験することをお勧めします。理由は、試験会場のほうが真剣に英語に取り組むことになるからです。試験結果がどうであれ、試験会場での真剣な数時間は、濃密なトレーニングになります。普段の学習では、真剣にやっているつもりでも、聞き流したり読み流したりすることが多いものです。

　英検のライティングが苦手なので対策をしたいという人がいます。しかし、ライティングは、口頭英作文を練習していれば、特別にトレーニングする必要はありません。もし試験結果が戻ってきて、ライティングだけ平均より低かったとしても、多くの場合リーディングに時間を費やしすぎて、ライティングに十分な時間を割けなかったことが原因です。十分なリーディング力があれば短時間でリーディングを終わらせて、ライティングに十分な時間を割けるようになります。ここでも、「目先にとらわれない」ことが大事です。

　目先にとらわれず、オーソドックスに学習していれば、英検やTOEICなどの資格試験の壁は簡単に越えることができます。

②章 単語

1 単語はどれだけ覚えたらいい?
― 現実の英語で、どのようなレベルの単語が使われているのかを確認してから、目標を決めよう ―

現実の英語で、どのようなレベルの単語が使われているのか見てみましょう。

まず、ダン・ブラウンの世界的ベストセラー『ダ・ヴィンチ・コード』(THE DA VINCI CODE)のプロローグと第1章(合わせて約11ページ)から、学習者にとって難しいと思われる単語を抜き出し、難易度別に次の5段階に分類してみました。

1. 『DUO 3.0』に掲載されている単語。約6000語レベル。
2. 『究極の英単語 Vol.3』に掲載されている単語。約6000〜9000語レベル。
3. 『究極の英単語 Vol.4』に掲載されている単語。約9000〜12000語レベル。
4. 『LONGMAN Handy Learner's DICTIONARY OF AMERICAN ENGLISH』に掲載されている単語。約12000〜28000語レベル。
5. 上記4冊に掲載されていない、よりレベルの高い単語。

1. 『DUO 3.0』に掲載されている単語。約 6000 語レベル。

stagger	silhouette	stare	kneel
surge	corridor	shiver	colossal
gaze	weary	grin	consulate
rigid			

2. 『究極の英単語 Vol.3』に掲載されている単語。約 6000 ～ 9000 語レベル。

stammer	tilt	swirl	gut
daze	pagan	slumber	hazy
bizarre	corpse		

3. 『究極の英単語 Vol.4』に掲載されている単語。約 9000 ～ 12000 語レベル。

curator	vault	lunge	gild
heave	iris 「虹彩」の意味	glint	brethren
smugly	recoil	taunt	sear
smirk	seep	cavity	wince
fumble	squint	plush	crumple
ruffle	buff	stubble	shroud
brunt	accolade	haunt	cringe
goad	allure	revere	slate
dire	revulsion	gruesome	rivet

2章 単語

▼1部・ボキャビルのウソとホント

4. 『LONGMAN Handy Learner's DICTIONARY OF AMERICAN ENGLISH』に掲載されている単語。約 12000 〜 28000 語レベル。

parquet	cavernous	albino	barrel 「銃身」の意味
assailant	fail-safe	opulent	mahogany
monogram	concierge	dimple	rib 「からかう」の意味
hunk	tweed	podium	sallow
pupil 「瞳孔」の意味			

5. 上記 4 冊に掲載されていない、よりレベルの高い単語。

tousle	vita	conclave	savonnerie

いかがでしょうか。『究極の英単語 Vol.4』に掲載されている単語の多さが印象的なのではないでしょうか。この単語集は 9000 〜 12000 語レベルで、旺文社の『英検 Pass 単熟語 1 級』よりやや難しいレベルです。市販の単語集では最上級の単語集の 1 つで、「こんな難しい単語は、実際には使われていないのでは？」と疑問に思う人も多いようですが、実際に頻繁に使われているのです。また、『究極の英単語 Vol.4』を完全に覚えたとしても、まだまだ未知の単語に出合うこともおわかりいただけると思います。そこで本書では、『LONGMAN Handy Learner's DICTIONARY OF AMERICAN ENGLISH』を覚えてしまうことをお勧めしています。具体的な覚え方を今すぐ知りたい方は〈4 部〉『英英辞典とヒストリー機能を組み合わせた覚え方の具体的な手順』に進んでください。

現実の英語で使われている単語のレベルの紹介を続けましょう。私が最近、楽しんでいる洋書に、『1001 ESCAPES to experience before you die』という素敵な写真集があります。「Ride the Eastern Orient Express Train」や「Bathe in the Dead Sea」といった見出しに続いて、オリエント急行や死海の写真と文章が紹介されています。日本の蔵王温泉も紹介されていて、「Unwind at Zao Onsen」と題した1ページの文章の中に、unwind, nestle, ravine, rickety, heinous, faux pas といった単語が出てきます。このうち nestle は『究極の英単語 Vol.4』に掲載されています。unwind, ravine, rickety, heinous, faux pas は『LONGMAN Handy Learner's DICTIONARY OF AMERICAN ENGLISH』に掲載されています。

また、アイスランドの神秘的なオーロラの写真を紹介した「See the Northern Lights」と題した1ページの文章では、conjure, prosaic, hurtle, northern lights, photon, tepee, jade, hubbub といった単語が出てきます。このうち、conjure, prosaic, hurtle が『究極の英単語 Vol.4』に、northern lights, photon, tepee, jade, hubbub が『LONGMAN Handy Learner's DICTIONARY OF AMERICAN ENGLISH』に掲載されています。

*

ここからは単語の抜粋ではなく、実際の英文を引用していきます。

ユネスコの世界遺産のホームページ（http://whc.unesco.org/en/list）で、世界遺産のリストを読んでみましょう。

1部▶ボキャビルのウソとホント

● オーストラリアのエアーズロック

> Uluru-Kata Tjuta National Park
>
> This park, formerly called Uluru (Ayers Rock – Mount Olga) National Park, features spectacular geological formations that dominate the vast red sandy plain of central Australia. Uluru, an immense monolith, and Kata Tjuta, the rock domes located west of Uluru, form part of the traditional belief system of one of the oldest human societies in the world. The traditional owners of Uluru-Kata Tjuta are the Anangu Aboriginal people.
>
> (http://whc.unesco.org/en/list/447)

monolith は、形容詞の monolithic が『LONGMAN Handy Learner's DICTIONARY OF AMERICAN ENGLISH』に掲載されています。

● インドのタージマハル

> Taj Mahal
>
> An immense mausoleum of white marble, built in Agra between 1631 and 1648 by order of the Mughal emperor Shah Jahan in memory of his favourite wife, the Taj Mahal is the jewel of Muslim art in India and one of the universally admired masterpieces of the world's heritage.
>
> (http://whc.unesco.org/en/list/252)

mausoleum が『LONGMAN Handy Learner's DICTIONARY OF AMERICAN ENGLISH』に掲載されています。

● アメリカのイエローストーン国立公園

Yellowstone National Park

Brief Description

The vast natural forest of Yellowstone National Park covers nearly 9,000 km^2; 96% of the park lies in Wyoming, 3% in Montana and 1% in Idaho. Yellowstone contains half of all the world's known geothermal features, with more than 10,000 examples. It also has the world's largest concentration of geysers (more than 300 geysers, or two thirds of all those on the planet). Established in 1872, Yellowstone is equally known for its wildlife, such as grizzly bears, wolves, bison and wapitis.

Statement of Significance

Yellowstone National Park is a protected area showcasing significant geological phenomena and processes. It is also a unique manifestation of geothermal forces, natural beauty, and wild ecosystems where rare and endangered species thrive. As the site of one of the few remaining intact large ecosystems in the northern temperate zone of earth, Yellowstone's ecological communities provide unparalleled opportunities for conservation, study, and enjoyment of large-scale wildland ecosystem processes.

Criteria

(vii) The extraordinary scenic treasures of Yellowstone include the world's largest collection of geysers, the Grand Canyon of the Yellowstone River, numerous waterfalls, and great herds of wildlife.

(viii) Yellowstone is one of the world's foremost sites for the study and appreciation of the evolutionary history of the earth. The park has a globally unparalleled assemblage of surficial geothermal activity, thousands of hot springs, mudpots and fumaroles, and more than half of the world's active geysers. Nearly 150 species of fossil plants, ranging from small ferns and rushes up to large Sequoia and many other tree species, have been identified in the park's abundant fossil deposits. The world's largest recognized caldera (45 km by 75 km – 27 miles by 45 miles) is contained within the park.

(ix) The park is one of the few remaining intact large ecosystems in the northern temperate zone of the earth. All flora in the park are allowed to progress through natural succession with no direct management being practiced. Forest fires, if started from lightning, are often allowed to burn where possible to permit the natural effects of fire to periodically assert itself. The park's bison are the only wild, continuously free-ranging bison remaining of herds that once covered the Great Plains and, along with other park wildlife, are one of the greatest attractions.

(x) Yellowstone National Park has become one of North America's foremost refuges for rare plant and animal species and also functions as a model for ecosystem processes. The grizzly bear is one of the worlds' most intensively studied and best-understood bear populations. This research has led to a greater understanding of the interdependence of ecosystem relationships. Protection of the park's flora and fauna, as well as the natural processes that affect their population and distribution allow biological evolution to proceed with minimal influence by man.

(http://whc.unesco.org/en/list/28)

『究極の英単語 Vol.4』に掲載されている単語。約 9000 〜 12000 語レベル。

unparalleled　　fern　　bison　　flora　　fauna

『LONGMAN Handy Learner's DICTIONARY OF AMERICAN ENGLISH』に掲載されている単語。約 12000 〜 28000 語レベル。

geyser   rush   Sequoia   Great Plains
「イグサ」の意味

grizzly bear

次は、ウィキペディアから、ナイアガラの滝を引用してみます。

The Niagara Falls are voluminous waterfalls on the Niagara River, straddling the international border between the Canadian province of Ontario and the U.S. state of New York. The falls are 17 miles (27 km) north-northwest of Buffalo, New York and 75 miles (120 km) south-southeast of Toronto, Ontario, between the twin cities of Niagara Falls, Ontario, and Niagara Falls, New York.

Niagara Falls is composed of two major sections separated by Goat Island: Horseshoe Falls, the majority of which–two-thirds according to the US Geological Survey–lies on the Canadian side of the border, and American Falls on the American side. The smaller Bridal Veil Falls are also located on the American side, separated from the main falls by Luna Island.

Niagara Falls were formed when glaciers receded at the end of the Wisconsin glaciation (the last ice age), and water from the newly formed Great Lakes carved a path through the Niagara Escarpment en route to the Atlantic Ocean. While not exceptionally high, the Niagara Falls are very wide. More than 6 million cubic feet (168,000 m^3) of water falls over the crest line every minute in high flow, and almost 4 million cubic feet (110,000 m^3) on average. It is the most powerful waterfall in North America.

The Niagara Falls are renowned both for their beauty and as a valuable source of hydroelectric power. Managing the balance between recreational, commercial, and industrial uses has been a challenge for the stewards of the falls since the 1800s.

Characteristics

Niagara Falls is divided into the Horseshoe Falls and the American Falls. The Horseshoe Falls drop about 173 feet (53 m), the height of the American Falls varies between 70-100 feet (21-30 m) because of the presence of giant boulders at its base. The larger Horseshoe Falls are about 2,600 feet (790 m) wide, while the American Falls are 1,060 feet (320 m) wide.

The volume of water approaching the falls during peak flow season may sometimes be as much as 202,000 cubic feet (5,700 m^3) per second. Since the flow is a direct function of the Lake Erie water elevation, it typically peaks in late spring or early summer. During the summer months, 100,000 cubic feet (2,800 m^3) per second of water actually traverses the Falls, some 90% of which goes over the Horseshoe Falls, while the balance is diverted to hydroelectric facilities. This is accomplished by employing a weir with movable gates upstream from the Horseshoe Falls. The Falls flow is further halved at night, and during the low tourist season in the winter, remains a flat 50,000 cubic feet (1,400 m^3) per second. Water diversion is regulated by the 1950 Niagara Treaty and is administered by the International Niagara Board of Control (IJC). Viewpoints on the American shore generally are astride or behind the falls. The falls face directly toward the Canadian shore.

(http://en.wikipedia.org/wiki/Niagara_Falls)

『究極の英単語 Vol.3』に掲載されている単語。約 6000 〜 9000 語レベル。

recede　　　　boulder　　　　traverse　　　　halve

『LONGMAN Handy Learner's DICTIONARY OF AMERICAN ENGLISH』に掲載されている単語。約 12000 〜 28000 語レベル。

voluminous　　straddle　　　en route　　　　astride

*

いかがでしたか？

このように現実に使われている英語を見てみると、不自由なく英語を理解するには、大まかな目安としては、まずは 10000 語、余裕があれば 30000 語ぐらいは覚えておきたいものなのです。

2 英検1級レベルの単語はネイティブでも知らない？
― Google でヒット数を確認してみれば、答えは一目瞭然 ―

英検1級レベルの単語はネイティブも知らないような難しい単語だから、覚えても意味がない、と言う人がいます。

しかし、『英検 Pass 単熟語1級』の最後のページの単語を Google で検索したら、以下のヒット数となりました。

sober（しらふの）	⇨	14,700,000
superb（素晴らしい）	⇨	47,800,000
sweeping（圧倒的な）	⇨	20,200,000
vertical（縦の）	⇨	99,100,000
wary（慎重な）	⇨	10,100,000

数千万ものヒット数です。

参考までに、日本語で「火星」と入力すると、12,600,000 件がヒットしました。英語の "sober" のほうが、日本語の「火星」より頻度が高いわけです。

英検1級の単語はネイティブも知らないと思い込んでいる人がいたら、考え直したほうがよいでしょう。

英検1級レベルというのは、『究極の英単語』ではVol.3とVol.4の中間あたりです。覚えようとしている途中では相当難しく感じられますが、覚えてしまった後は普通に英語に接していれば、「実は基本単語だったんだ」と実感できるものです。

英検1級レベルの単語くらいは覚えておいたほうが、快適な英語生活を送れます。

3　5000語くらい覚えれば日常単語の95パーセント近くをカバーできるので、それ以上は覚えなくても大丈夫？

— たとえ数字が事実でも、受けるイメージは事実と異なる —

　誰でも心の底では今より単語を増やしたいと思っているのではないでしょうか。ただ、思うように増やせないうちに甘い言葉に惑わされてしまう人もいるようです。

　基本単語の単語集のキャッチコピーには、「この単語集を覚えれば、日常的に使われている英単語の95パーセントをカバーできる！」というようなものがあります。それが事実だとして、95パーセントという数字にどういう意義があるのか考えてみましょう。

　このキャッチコピーを見た人の多くは、「100語で構成された文章のうち95個の単語がわかるということは、ほとんどの単語がわかるという感覚だろう」と想像するのではないでしょうか。試験の合格率であれば95パーセントを超えていれば、ほぼ間違いなく合格するだろうというのが一般的な感覚でしょう。

　しかし文章に関しては、100語のうち知らない単語が5語あるというのは、「知らない単語だらけ」で「読む気がしない」という感覚に近いはずなのです。次の2010年7月13日のVOAニュースを見てください。約100語のうち、5語を ▆▆▆ で隠してみます。

1部 ▶ ボキャビルのウソとホント

> A new study concludes that older adults who are deficient in vitamin D are more likely to experience serious declines in their ability to think and plan. ▆▆▆ levels of vitamin D have been associated with bone fractures, pain, and chronic diseases such as cancer, heart disease, diabetes and multiple sclerosis. ▆▆▆ have found a ▆▆▆ between deficiencies of the so-called "sunshine" vitamin and cognitive decline in older adults. One of the most common causes of vitamin D deficiency is a lack of exposure to sunlight, a particular ▆▆▆ for less physically-active seniors who are ▆▆▆ to spend fewer hours outdoors.

100語のうち95語をカバーしているというのは、このような状態です。「十分にわかる」といった感覚からは程遠いのではないでしょうか。1段落なら我慢できても数ページは続かないでしょう。まして雑誌やペーパーバックを情報収集や娯楽として最後まで読むのは無理でしょう。

「文脈から推測できる」と言う人がいますが、試しに上記5つの ▆▆▆ を推測してみてください。文脈から推測できることはありますが、常に推測できるわけではありません。100語のうち5個も未知の単語があったら、実際は推測できないことが多いはずです。

参考までに、▆▆▆ を隠していない文を示しておきます。

> A new study concludes that older adults who are deficient in vitamin D are more likely to experience serious

> declines in their ability to think and plan. Low levels of vitamin D have been associated with bone fractures, pain, and chronic diseases such as cancer, heart disease, diabetes and multiple sclerosis. Reseachers have found a link between deficiencies of the so-called "sunshine" vitamin and cognitive decline in older adults. One of the most common causes of vitamin D deficiency is a lack of exposure to sunlight, a particular concern for less physically-active seniors who are likely to spend fewer hours outdoors.

　こちらは非常に読みやすいですね。

　「この単語集を覚えれば、○○パーセントをカバーできる」というキャッチコピーは、統計的には正しいかもしれません。が、そのコピーから多くの人が受けるであろう印象、つまり「これだけやれば十分！」という結論にはなりません。

　冷静に現実を見て、常識を働かせましょう。

　直読直解や速読のトレーニングにおいて、知らない単語をどんどんスキップして読み進めることはあります。ただし語彙が少ないままでいいということではありません。

　語彙は多ければ多いほどよいのです。5000語や95パーセントでは不足です。

4 語源を活用すれば何万語でも覚えられる?
― ある程度までは有効。ただし限界があることに気づくことが大事 ―

　語源は、活用できるうちは活用して覚えたほうがよいのはもちろんです。相性のよい語源別の単語集に目を通せば、今までに覚えた単語を整理整頓できます。また長期的に覚えておけるという利点もあるでしょう。

　たとえば、私は、solace（慰め）とsolstice（夏至）を混同しがちでしたが、solsticeのsolは元々はsunの意味で、sticeはstandの意味だということを知ってからは、「太陽が立つ→夏至」というイメージのおかげで混同しなくなりました。このように長くて分割できる単語は、語源を活用すると覚えやすいことがあります。

　ただし、「語源を活用すれば何万語でも覚えられる」などというのは宣伝用のキャッチフレーズだと思って、あまり真に受けないほうが賢明です。語源別の単語集の大半が、数千語レベルであることからも、容易に判断できることです。もし語源で何万語も覚えられるというのであれば、何万語も収録した語源別の単語集が出版されているはずです。

　また、次のような短い単語は分割できませんから、語源で覚えようとしても無理があります。

zit	zip	zap	yum
yuck	yolk	yoke	yap
yam	yak	wry	wren
woo	wok	woe	wit
wimp	wilt	wig	wick
welt	wee	wean	wart
warp	wail	waif	wag
waft	wade	wad	

　このような短い単語はたくさんあります。擬音語や擬態語も多いですから、何度も口にして感覚的に覚えるのが効率的です。

　語源を活用するのはある程度までは有効ですが、限界があることに気づくことが大切です。さもないと、いつまでたっても上記のような単語を覚えられないことにつながります。

　最近は、様々なタイプの単語集が出版されています。単語集ごとに長所があるので、長所を上手に活用すれば、効率的に単語を覚えられます。しかし、「単語は語源で覚えるべきだ」と思い込んでしまうと、「この単語集は語源がないから使えない」というふうに狭い視野にとどまって、せっかくの多様な単語集を活用できないという結果にもなりかねません。

　語源は単語を覚える手段の1つであって、目的ではありません。
　有効ではありますが、万能ではないのです。

5 書いて覚えたほうが感覚器官を総動員することになるので、効率的に覚えられる?
― 時間を考慮に入れよう ―

「書いて覚えたほうが感覚器官を総動員することになるので、効率的に覚えられる」と思っている人は多いでしょう。ただこれは、時間を考慮に入れていない考え方だと思います。

10回書く時間があれば、10回から20回は音読できますし、20回から30回は黙読できます。時間を考慮に入れれば、単純に「感覚器官を総動員することになるから効率的」とは断定できないと思います。

どちらが効率的なのか気になる人は、時間を測って両方の覚え方で実験してみればよいでしょう。ただ私自身は、書いて覚えたことは一度もありません。理由は主に3つあります。

● 書いている時間があれば、音読なり黙読なりして回数を増やしたほうが効率的だろうと感じられるから。

●「書けるけれど、発音できない」のと「書けないけれど、発音できる」とを比較した場合、後者のほうが好ましいから。

● 書いて覚えようとすると、机のあるところ、座れるところ、筆記用具を持っているとき、といったように覚えるチャンスが制限されて

しまうから。

いつでもどこでもできるような学習法でないと、なかなか長続きしません。

「自分は書かないと覚えられないタイプ」と決めつけている人は意外と多いものです。書きながら覚えると時間がかかりますから、時間に余裕のない人は、「全然進まない！ 自分には単語は覚えられない！」とあきらめてしまうこともあります。こんなときは柔軟に対処して、別の方法を試してみてください。思い込みで自分の可能性を小さくすることはありません。

書いて覚えるより、暗唱して覚えたほうが早いです。

6 単語は文脈で覚えるべき？
― まずは手段にこだわらずに覚えることが優先。
覚えた後に、文脈で確認しよう ―

「単語は文脈で覚えるべき」という意見をよく耳にします。

そうでしょうか？

次の単語を見てください。

　Beethoven　ベートーベン
　Mozart　モーツァルト
　Bach　バッハ

　Denmark　デンマーク
　Norway　ノルウェー
　Sweden　スウェーデン

　greenhouse effect　温室効果
　carbon dioxide　二酸化炭素
　methane　メタン
　nitrogen oxide　窒素酸化物

　vitamin　ビタミン

protein　タンパク質
fat　脂肪

heart　心臓
lung　肺
kidney　腎臓
gall bladder　胆嚢
prostate　前立腺

amnesia　健忘症
anemia　貧血
hay fever　花粉症
osteoporosis　骨粗鬆症

diameter　直径
radius　半径
rectangle　長方形
trapezoid　台形

constellation　星座
Aries　おひつじ座
Taurus　おうし座
Gemini　ふたご座

camellia　椿
azalea　ツツジ
peony　牡丹

criminal law　刑法
civil law　民法
commercial law　商法
constitution　憲法

　これらの単語を文脈なしに辞書や単語集から覚えても、何の問題もないと思います。

　文脈なしに覚えて問題のない単語は多いものです。たとえば、動物、植物、鉱物、文房具、電化製品、家具、気象、天体、元素、職業、役職、業種、衣服、食品、食器、調理器、寝具、医学、科学、化学などに関する単語です。要は、大半の名詞は、文脈なしで覚えて問題ないのです。

　もっとハッキリ言ってしまえば、私の場合で言えば、名詞に限らず単語を文脈で覚えるべきだと思ったことはありません。

　文脈で覚えようとすれば、1日10語なり1日1ページなりペースを設定して、新聞や雑誌から未知の単語を抜き出して覚えていくことになります。これだと遅すぎるのです。中上級者になれば、未知の単語に出合う頻度が少なくなるからです。何ページ読んでも未知の単語がない、ということもあります。対して、辞書や単語集から覚えるのであれば未知の単語を抜き出すのは簡単です。数分で10個でも20個でも見つかるでしょう。スピードの差はあきらかです。

　「辞書や単語集で覚えた定義や訳語は、実際に使われている英語とはニュアンスが違うことがある」という理由で、「単語は文脈で覚え

るべき」というのであれば、それは想定内のことですから、取り立てて言うほどのことはありません。前もって辞書や単語集で覚えていたからこそ、ニュアンスが違うことに気づけるのです。まず覚えることが出発点なわけです。覚えた後で実際の英文で何度も出合ううちに、ニュアンスもわかるようになってきます。多読が有効なのも、これが理由の1つです。ただし、しつこいようですが、最初に意味を覚えてしまうことが出発点ですし、先ほど列挙した名詞のようにニュアンスを気にする必要のない単語も多いのです。

「単語は文脈で覚えるべき」というのは、「単語集や辞書で覚えただけで安心しないほうがいいですよ」というアドバイスとして受け止めておくのが賢明でしょう。「覚えた後でも、実際の文脈で出合えるようにできるだけ多読しましょう」ということなら、同感です。

単語は文脈なしで、どんどん覚えてしまいましょう。

7 単語は例文と一緒に覚えるべき?
― 理想と現実、手段と目的を混同しないように ―

「例文と一緒に覚えるべき」という意見もよく見聞きします。これは文脈で覚えるべきという意見と似ているので、前項の〈6〉『単語は文脈で覚えるべき?』も参照してください。

補足するなら、「理想と現実を混同しないほうがよいのでは?」ということです。前項でも述べたとおり、carbon dioxide のような定義のハッキリした単語まで例文と一緒に覚えるべきかどうかは疑問がありますが、仮に、「覚えるべき」だったとして、現実に、それが可能なのでしょうか。

「二酸化炭素」と覚えないで、"Carbon dioxide is a chemical compound composed of two oxygen atoms and one carbon atom." と例文で覚えるべきなのでしょうか?

1語を覚えるのと、1文を覚えるのとでは、1文を覚えるほうが、時間と労力がかかります。当たり前のことですね?

『DUO セレクト』や『DUO 3.0』のような優れた例文型の単語集はあります。実際、私は前著『〈具体的・効率的〉英語学習最強プログラム』でも、この2冊は推薦しています。ただし、この2冊の単語集はごく基本的なレベルですから、インプットだけでなくアウトプット

でも使えるようでありたいので、例文ごと何度も口にして練習するわけです。どんな単語も例文と一緒に覚えるべきだということではないのです。

10000語以上の難しい単語は、長期目標としてアウトプットでも使えるようになれば素晴らしいとは思いますが、当面は、読んだり聞いたりのインプットで使えることが目標です。理想と現実を混同しないようにしましょう。

もう1つ補足するなら、「手段と目的を混同しないほうがよいのでは？」ということです。難易度の高い単語を覚えるにあたって、訳語だけではピンとこない単語を覚えるときは、例文を利用すれば覚えやすくなることはあるでしょう。ただ、このとき目的は単語を覚えることであって、例文は、あくまでも手段です。ありがちな手段と目的の混同なので注意しましょう。

また、「例文と一緒に覚えるべき」だと思い込んでいると、例文のない単語集は排除してしまうことになります。柔軟な姿勢でいれば、様々な単語集から様々なメリットが得られるのに、思い込みのせいで、自分の可能性を狭めてしまう結果になるのです。

現実を冷静に見て、柔軟な態度を保ちましょう。

8 多読すれば語彙は自然に増える?

— 発音が身につかない。覚えた単語を維持するのには有効。
自然に増えることを期待すると危険 —

「多読すれば語彙は自然に増える」という意見を見聞きすることがあります。

もし身近に「多読すれば語彙は自然に増える」と主張している人がいたら、次のことを確認すればよいと思います。

- 多読というのは、本や雑誌を何冊くらい読むのか？
- どのくらいの期間をかけるのか？
- その結果、どれくらいの語彙が身につくのか？
- 発音はどうやって身につけるのか？

もし納得のいく答えが得られて、「自分でも実行できそうだ！」と思えたら、真似をすればよいでしょう。

ちなみに私はこういう意見を当てにしていません。もちろん、世の中には天才や秀才がいますから、絶対にあり得ないこととは思いません。そういう主張をする人がいるのなら、その人にとってはそうなのでしょう。ただ、そんな都合のよいことが自分にも当てはまるとは思わないということです。

私の記憶力はごく平凡ですから、辞書や単語集から「覚えよう」と意識して覚えます。覚えた後「忘れないように」と意識して復習します。それでも以前に覚えた単語からポロポロ忘れていきます。それを防ぐため、以前に覚えた単語も定期的に復習しています。このような意識的な作業によって、なんとか4万語近くの単語を維持しているのです。

　多読は、覚えた単語を維持するには有効ですが、単語を増やす手段としては、単独では有効ではありません。中学レベルの単語でしたら、ひょっとして多読だけで覚えられるかもしれませんが、ある程度の難易度の単語であれば多読だけではどだい無理です。

　単語を覚えるには、頻繁に出合う必要があります。当然、基本単語であればあるほど、多読でも覚えられる可能性が高いと言えます。逆に、難易度が高くなるほど出合う頻度が減ってくるので、多読だけで覚えられる可能性は低くなるわけです。考えるまでもないことです。

　なお、上記の「難易度が高くなるほど出合う頻度が減ってくる」というのは、「せっかく覚えたのに滅多に出合うことのない難しい単語」という意味ではありません。「多読によって自然に覚えることが期待できるほどには頻繁に出合わない単語」という意味です。〈1〉『単語はどれだけ覚えたらいい？』で見たとおり、10000から30000語レベルの単語は、覚えてしまった後でなら「知ってる、知ってる」と頻繁に出合う基本的な単語です。ただ、覚えてしまう前は、実際には何度も出合っているのに、覚えていないために出合ったことに気づけない、というレベルの単語なのです。

それに、発音記号を辞書で確認せずに、多読だけでどうやって発音を身につけるのでしょうか。

　冷静に常識を働かせましょう。

　念のために一言。私は多読を否定しているのではありません。多読だけで単語が自然に増えるということを、普通の人は当てにしないほうがいいと考えているだけです。多読そのものは、とてもよいことですので、読むのが好きな人は、単語学習とは別にどんどん読み進めてください。

1 お勧めのポケット版英英辞典
― 単語集よりも広い範囲をカバーしている ―

〈1部1〉『単語はどれだけ覚えたらいい？』でも見たとおり、現実に使われている英語に対応するには、たとえ上級用の単語集を覚えたとしても、まだ十分ではありません。そこで、ポケット版の英英辞典を覚えてしまうことをお勧めします。以下の2冊がお勧めです。

> 『LONGMAN Handy Learner's DICTIONARY OF AMERICAN ENGLISH』
>
> 『LONGMAN Pocket ENGLISH DICTIONARY』

『LONGMAN Handy Learner's DICTIONARY OF AMERICAN ENGLISH』

この辞書を覚えてしまうと、新聞、雑誌、ペーパーバックなど、ほとんどのものは快適に読めるようになります。たまに知らない単語に出合いますが、文章全体の一部ですから、かなりの確率で正しく推測できるようになります。知らない単語のせいで文脈がわからなくなるとか読む気が失せることはありません。日本で出版されている単語集は、専門用語などの特別なものを除いて、ほとんど知っている単語になります。なお裏表紙には、over 28000 words and phrases とありますが、この数字は参考程度にとどめておいてください。辞書や出版

社によって、数え方の基準が異なるからです。

　表紙がビニール製で適度に弾力があるため、片手でページをめくりやすいのもメリットです。

　『究極の英単語 Vol.4』レベルの単語はすでに覚えていて、さらに上を目指している人に最適です。『英検 Pass 単熟語 1 級』や『究極の英単語』の Vol.3 や Vol.4 を暗記途中の人でも、落ち着いて取り組めば十分に対応できます。

　注意点としては、専門用語や時事用語が少ないことです。たとえば、larynx（喉頭）は収録されていても、pharynx（咽頭）は収録されていません。これは辞書の収録方針が一般語彙を優先しているということであって、欠点ではありません。テーマ別の単語集（語研の『ワードペディア』『ニュース英語パワーボキャビル 4000 語』『ニュース英語パワーボキャビル 3000 語プラス』など）で補完しておくとよいでしょう。これらの単語集と合わせて覚えてしまえば、30000 語以上を覚えたことになります。

『LONGMAN Pocket ENGLISH DICTIONARY』

　『LONGMAN Handy Learner's DICTIONARY OF AMERICAN ENGLISH』が難しく感じられる場合は、こちらをお勧めします。裏表紙には、over 16000 words and phrases とありますが、やはり数字は参考にとどめてください。実際に使ってみれば、16000 という数字から受ける印象よりは、やさしく感じられると思います。『究極の英単語 Vol.2』や『DUO 3.0』の単語は、すでに覚えていて、さ

らに上を目指すという人にもお勧めです。

　表紙がハードカバーで弾力性がないため、片手ではページをめくりにくいのが、やや残念な点です。

*

　参考までに、両方の辞書のaとzの最初のページの見出し語を掲載しておきます。難易度の参考にしてみてください。

『LONGMAN Handy Learner's DICTIONARY OF AMERICAN ENGLISH』

a	aback	abacus	abandon
abashed	abate	abbey	abbreviate
abdicate	abdomen	abduct	aberration
abet	abhor	abide	abiding
ability	abject	ablaze	able
abnormal	aboard	abolish	abominable
aboriginal	aborigine	abort	abound
about[1]	about[2]	about-face	above[1]
above[2]			

『LONGMAN Pocket ENGLISH DICTIONARY』

| a | abandon | abbey | abbreviation |
| ABC | abdomen | abduct | ability |

ablaze	able	abnormal	aboard
abolish	abolition	abortion	about
above			

『LONGMAN Handy Learner's DICTIONARY OF AMERICAN ENGLISH』

z	zany	zap	zeal
zealot	zebra	zenith	zero^1
zero^2	zero hour	zest	zigzag
zillion	zinc	zing	zip^1
zip^2	Zip code	zipper	zit
zodiac	zombie	zone	zoo
zoology	zoom	zoom lens	zucchini

『LONGMAN Pocket ENGLISH DICTIONARY』

zany	zeal	zebra	zebra crossing
zero	zigzag	zillion	zip^1
zip^2	zone	zoo	zoology
zoom			

*

　英英辞典は暗記ツールとして考えた場合、内容もさることながら、文字の大きさや紙の品質も重要なので、できれば書店で手に取って確

認するとよいでしょう。他にもポケット版の英英辞典が置いてあるときは、「これを覚えたら、どんな世界が開けるのだろう？」とワクワクしながら比較検討するのも楽しいものです。

次の点も確認してみましょう。

● **発音記号の有無**

ポケット版の辞書には発音記号のないものも多いですが、紹介した2冊には記載されています。

● **製本**

背中を糊付けしただけの英英辞典だと、使っているうちにページが取れてしまうことがあります。紹介した2冊はページを糸で縫って製本してあるため、取れてしまう心配はあまりありません。

● **紙質**

復習で何度もページをめくることになりますから、紙が丈夫でないと、すぐに破れてしまいます。また適度に厚くないと、マーキングが裏ページに透けてしまいます。紹介した2冊の紙は丈夫です。

2 基本単語が省略されていない
― 頭の中に似ている単語が増えてくるため、基本単語であっても混同することがある ―

frogという単語は誰でも知っているでしょう。このような基本単語は、一般的な単語集では省略されているのが普通です。

ところが、暗記した単語が増えてくると、知っていたはずの基本単語であっても、度忘れしたり混同したりすることが増えてきます。

たとえば、

　　flog　激しく批判する
　　flock　群れ
　　fluke　まぐれ（日本語でいうフロック）
　　fleck　斑点
　　frock　フロックコート
　　froth　泡
　　frond　シダの葉
　　clog　木靴
　　cloak　外套
　　croak　カエルなどのガーガー鳴く声

のように、紛らわしい単語が増えてくるにつれて、「カエルって、何て

言うんだったっけ？ flog と frog のどちらだったかな？」と、記憶が曖昧になることもあるでしょう。

　混同する単語は、難易度の高いもの同士とは限りません。基本的な単語と高度な単語を混同することも多いのです。単語集より辞書のほうが、基本的な単語と高度な単語の両方が掲載されているので、復習しやすいのです。

3 アルファベット順なので、スペルの紛らわしい単語を整理できる
— deceit, decent, descend, descent, dissent —

　アルファベット順なので、スペルの似ている単語を整理できるのも利点です。

　中上級者であっても、次のような基本単語を混同している人は皆無ではないでしょう。

　aboard と abroad
　corporation と cooperation
　daily と dairy と diary
　physician と physicist

　次のような高度な単語になると、混同している人はさらに多いのではないでしょうか。

　deceit, decent, descend, descent, dissent

　このような単語を覚えるためにも、アルファベット順に並んでいる英英辞典は有効です。

physician と physicist のような基本単語であれば、たとえ混同している人であっても「どっちがどっちだったか自分は混同しがちなんだよな〜」と自覚していますから、いずれ覚える可能性があります。しかし、deceit, decent, descend, descent, dissent のような高度な単語になってくると、アルファベット順に1つ1つ確認していかないと、そもそも似たような単語が存在することさえ気づきにくいのです。それでは覚えられるわけがありません。

「英単語を増やすには頭の中にネットワークを作ることが大事」という意見を見聞きすることがあります。私も、そのとおりだと思います。ただ、この意見に賛成している人でも、実際の作業は、「同意語、反意語、派生語を意識して終わり」ということが多いようです。この作業にプラスして、アルファベット順に単語を確認しておくと、頭の中のネットワークが整理されます。

4 説明が簡潔で覚えやすい
― できることをやろう ―

　abscess（はれもの）という単語があります。ポケット版の辞書と机上版の辞書とで、どちらが覚えやすいか比べてみましょう。最初がポケット版、次が机上版です。

swelling on or in the body, containing PUS
　　『LONGMAN Handy Learner's DICTIONARY OF AMERICAN ENGLISH』から

a painful swollen place in your skin or inside your body that has become infected and contains a yellow liquid
　　　　『LONGMAN Advanced AMERICAN DICTIONARY』から

どちらが覚えやすそうですか？

　多くの人にとって、簡潔なポケット版のほうが覚えやすいはずです。これがポケット版の英英辞典をお勧めする理由の1つです。

　不明な単語の意味を調べるためであれば、ポケット版より机上版のほうが適しています。ただ、現在の目的は単語を覚えることですから、簡潔なポケット版が使いやすいのです。

　単語を覚えるときは、可算・不可算をチェックし、例文を読み、ニュ

アンス、コロケーション、同義語、反意語、派生語を同時に覚えるべきだと思い込んでいる人がいます。が、ものごとには優先順位があるはずです。単語を覚えるときは、意味と発音が優先事項です。

　意味と発音を覚えれば、リーディングでもリスニングでもスピーキングでも、最低限のことはなんとかなります。リスニングやリーディングでabscessに出合っても理解できるし、スピーキングでabscessを使っても相手に理解してもらえるはずです。

　常に優先順位を意識して、できることをやりましょう。

5 ポケット版なので携帯しやすく、外出先でも学習しやすい

— マメな復習がボキャビル成功のカギ —

　ボキャビル成功のカギは、なんと言ってもマメに覚えてマメに復習することです。このためには、いつでもどこでも学習できる必要があります。ポケット版の英英辞典であれば、一般の単語集よりも小型で軽く、携帯しやすいので、外出先でマメに学習できます。

　たとえば、『LONGMAN Handy Learner's DICTIONARY OF AMERICAN ENGLISH』は、15 × 10.8 × 2.4 センチで、文庫本とほぼ同じ大きさです。

　単語集には、大きいものや厚いもの、重いものもあります。そうした理由で、外出時に持参したくない、という人もいるかと思います。ポケット版の英英辞典であれば、そういう負担はかかりません。

3部 ▶ 電子辞書のヒストリー機能のメリット

1 ヒストリー機能とは?
― ボキャビルの強力な味方 ―

ポケット版の英英辞典と組み合わせて使うボキャビルの強力なツールがあるので、紹介します。前著でもふれましたが、電子辞書のヒストリー機能というものです。ここから数ページにわたって詳しく説明していきます。

その理由は2つあります。1つは、ヒストリー機能を活用することによって、多くの人が挫折してしまう10000語の壁を軽々と越えて、30000語レベルにまで到達することが可能になるからです。もう1つは、ヒストリー機能を単語登録機能と同じようなものと捉えて、便利さに気づいていない人が多いようだからです。

ヒストリー機能についてはすでに知っていて、具体的な覚え方の手順をすぐに知りたい方は、〈4部〉『英英辞典とヒストリー機能を組み合わせた覚え方の具体的な手順』に進んでください。

ヒストリー機能というのは、辞書で調べた単語が、調べた順に自動的に辞書のメモリに記録される機能です。メーカーによっては、しおり機能とか履歴機能と呼んでいます。

携帯電話でも、発信した番号が自動的に記録される発信履歴の機能がありますね。電子辞書のヒストリー機能も、このようなイメージで

す。調べた単語が自動的に記録されていくのです。そしてボタン1つで最近の履歴が表示されます。

　たとえば今、私の辞書で「ヒストリー」ボタンを押すと、次のような画面が表示されます。

---

tradition
refute
vigor
invigorate
froth
abscess
amnesia
methane

---

tradition　　伝統

　これが、私が最近調べた8個の単語ということです。画面の一番上の単語は反転表示されていて、画面の下にも、その単語と意味が表示されています。

　その前に調べた単語を表示するには、「ページ送り」ボタンを押します。すると次のような画面が表示されます。

---

solstice
pupil
lawsuit

```
accuse
frond
guest
abalone
croak
─────────────────────────────
solstice　夏至
```

methane の前には solstice を調べていたことがわかります。

　不明な単語があったら、カーソルを合わせれば、その単語と意味が画面の一番下に表示されます。たとえば、上記の画面で frond が不明だったら、カーソルを合わせるだけで、次のような画面になります。

```
solstice
pupil
lawsuit
accuse
frond
guest
abalone
croak
─────────────────────────────
frond　シダの葉
```

　ヒストリー機能で記録できる数には、限界があります。限界に達した後は、新しい単語が記録されると、古いものから消えていきます。

2章 単語

▼3部・電子辞書のヒストリー機能のメリット

3部▶電子辞書のヒストリー機能のメリット

　ヒストリー機能と単語登録機能は似たようなものだと思う人も多いようですが、この2つは、似て非なるものです。これについては〈9〉『ヒストリー機能と単語登録機能の違い』を参照してください。

2 ヒストリー機能と単語カードの比較
― ヒストリー機能は単語カードの長所だけをもっている ―

ヒストリー機能のメリットは、使ってみればすぐに実感できるのですが、使ったことのない人にはイメージしにくい場合があるようです。そこでイメージしやすいように、ヒストリー機能と共通点のある単語カードを引き合いにして、表にまとめてみました。

ヒストリー機能		単語カード
○	覚えやすさ	○
◎	作成の容易さ	×
◎	意味の確認の容易さ	○
◎	並べ替えの容易さ	△
◎	情報量	△
◎	正確さ	△
◎	携帯性	△
◎	耐久性	△

以降で説明していきます。

3 単語のリストが自動的に作成される
― 下準備の時間を劇的にカット ―

　単語カードは覚えやすいのですが、作成に手間がかかります。数十枚ならまだしも、数千枚の作成は大変です。そこでヒストリー機能の出番です。こちらは作成の手間がゼロです。単語を引けば自動的にリストに記録されるのですから。

　たとえば、invent（発明する）、investigate（調査する）、invest（投資する）の3つの単語を覚えるとします。カードを作成する代わりに、電子辞書でこれらの単語を引けばいいのです。それだけで自動的にヒストリー機能に記録されます。試しに「ヒストリー」ボタンを押してみれば、次のように表示されます。

---

invest

investigate

invent

---

invest　投資する

　カードで言えば、3枚の単語カードを作成して順番に並べたことに相当します。

より詳しい活用法については〈4部6〉『【復習2】覚えにくい単語を、電子辞書で引いてヒストリー機能のリストに移し、リストの先頭から毎日復習する』を参照してください。

2章 単語

▼3部・電子辞書のヒストリー機能のメリット

4 覚えているかどうかを確認するのに、ボタンを押すだけ
— カードを手でめくるより、速くて簡単 —

　単語を覚えるには、覚えているかどうか確認する必要があります。カードであれば手でめくります。ヒストリー機能では、ボタンを押すだけです。

　たとえば、「ヒストリー」ボタンを押して、次のような画面が表示されたとします。

---

choice
contribute
voice
distribute
attribute
provoke
convoke
slash

---

choice　選択

---

　choice の下の contribute の意味が不明だった場合、確認するにはカーソルを1つ下に動かすだけです。

```
choice
contribute
voice
distribute
attribute
provoke
convoke
slash

contribute   寄与する
```

同様にしてカーソルを動かしていけば、8個の単語を確認できます。単語1個を1秒未満でチェックすれば、1画面を5〜8秒で確認できます。

また、上記のヒストリー画面の8個の単語を、一目見て「確実に知っている」とわかる場合は、「ページ送り」ボタンを押せば、一瞬にして次のページが表示されます。

```
rash
rush
lash
dash
construct
contract
abstract
```

> concrete
> ―――――――――――――――――
> rash　軽率な

そして、前と同じようにチェックしていくわけです。

　ここまでに 16 個の単語が表示されました。カードであれば 16 枚をめくったことに相当しますが、電子辞書ではボタンを数回押しただけであることに注目してください。

　わずかな違いに思えるかもしれませんが、単語の数が増えてくると、大きな違いになってきます。

5 単語の並べ替えもボタンを押すだけ
― 単語カードと違って、リングを外して並べ替える必要がない ―

　単語の暗記で挫折するのは、なかなか覚えられない相性の悪い単語が増えてくることが原因の１つです。

　対処法としては、相性の悪い単語をピックアップして毎日優先的に復習することです。多くの人が、相性の悪い単語にマーキングしたりフセンを貼ったりして優先的に復習しようとします。しかし覚える単語が増えてくると、マーキングやフセンがどんどん増えていって、管理しきれなくなります。

　ヒストリー機能を使えば、もっと効率的に相性の悪い単語をピックアップして優先的に復習できます。

　たとえばヒストリー画面で復習していて、

rash
rush
lash
dash
construct

```
contract
abstract
concrete
─────────────────────────
contract  契約
```

　contract（契約）で間違えたとします。contrast（コントラスト、対比）と混同していたとか、ですね。そして、contractは、今までにも何度も間違えていたとします。自分とは相性が悪い単語ということになりますから、リストの先頭に移して、最優先で復習したいところです。

　その場合、contractで「決定」ボタンを押すのです。これで自動的に、リストの先頭に移動します。「決定」ボタンを押すと次の画面のように、表面的にはcontractの全画面表示となりますが、同時にバックスクリーンではcontractがリストの先頭に移動しているのです。

```
contract
1  契約
2  契約書
3  トランプのコントラクト
   ・
   ・
   ・
```

　念のため、「ヒストリー」ボタンを押してヒストリー画面を表示して

みましょう。次のように contract がリストの先頭に移動しています。

```
contract
rash
rush
lash
dash
construct
abstract
concrete

contract    契約
```

　これで、次に復習するときには、contract から始められます。カードであれば、間違えた単語のカードを先頭に移したことに相当します。ヒストリー機能を使えば、リングを外したりカードを移動したりといった手間をかけずに、ボタンを押すだけで簡単に並べ替えができます。

　〈4部〉でも後述しますが、これはヒストリー機能の大きなメリットなので、独立して説明しておきました。

6 発音も例文も語源も語法も、すべて参照できる
― カードやノートは、スペースに限りがあるため、
　書き込む情報も制限される ―

　単語を覚えるときは意味と発音が優先事項ですが、例文や語源を知りたいときもあるでしょう。ヒストリー機能を使っているのであれば、気になる単語を全画面表示にすればいいだけです。辞書をそのまま暗記ツールとして使っているのですから、語法や可算・不可算といった細かいことまで調べることができます。

　対して、カードやノートではスペースに制限があるため、意味と発音を記入するくらいで精一杯です。もちろん、優先して覚えるのは意味と発音ですから、すべての情報を記入する必要はないのですが、たまに例文や語法や解説を知りたくなることもあるでしょう。また、書き間違いの可能性もあります。この点でも電子辞書のヒストリー機能は優れています。

7 かさばらないので携帯しやすい
― 1000語を記録できるヒストリー機能は、1000枚の
カードと同等以上 ―

電子辞書は、小型で軽いのもメリットです。

覚える単語が少ないうちは、カードやノートで学習しても、それほどかさばりません。しかし、中上級者が覚えようとする単語の数は、かなり多いものです。新しく覚える単語は1日に数十個だったとしても、1日に復習する単語は、数百から1000個近くになります。それだけの数のカードやノートはかさばってしまい、気軽に携帯して外出先で復習するのは難しくなります。

1000語を記録できるヒストリー機能を備えた電子辞書があれば、1000枚のカードを携帯しているのと同等以上です。

8 お勧めの電子辞書は、カシオの EX-word シリーズ

— 記録できる単語数が多く、画面レイアウトも優れている —

　電子辞書は、メーカーや機種によって使い勝手が異なります。私のお勧めは、カシオの EX-word シリーズです。理由は次のとおりです。

- ヒストリー機能で記録できる数が 1000 語となっており、他メーカーの製品より多い
- カーソルを合わせるだけで、単語の意味が下に表示される

　EX-word のヒストリー画面は、単語にカーソルを合わせると、その単語と意味が画面下に表示されます。つまりカーソルを動かすだけで、単語を覚えているかどうかをチェックできるわけです。ところが機種によっては、次のように英語のすぐ隣に意味が表示されていて、手で隠す手間がかかったり、

```
solstice    夏至
pupil   瞳孔
lawsuit    訴訟
accuse    非難する
frond    シダの葉
guest    客
```

> abalone　アワビ
> croak　カエルなどのガーガー鳴く声

次のように意味がどこにも表示されておらず、「決定」ボタンを押さないと意味を確認できないものがあります。

> solstice
> pupil
> lawsuit
> accuse
> frond
> guest
> abalone
> croak

　このようなレイアウトでも、手書きでノートやカードを作成することに比べれば便利な暗記ツールであることには違いありません。しかしEX-wordのほうが、さらに強力な暗記ツールであることも確かです。もしEX-word以外の電子辞書をお使いでしたら、当面はお持ちの電子辞書で本書の方法を実行しながら、機会があれば店頭でEX-wordを何機種か試してみるとよいでしょう。

9 ヒストリー機能と単語登録機能の違い
― 似ているようで、まったく異なる ―

　ヒストリー機能と単語登録機能は、使い勝手が異なります。暗記ツールとしては、ヒストリー機能のほうが優れているので、違いを説明しておきます。

1）ヒストリー機能のほうが手間がかからない

　ヒストリー機能では、単語を引いた時点でリストが自動的に作成されています。実質的に手間はゼロです。対して、単語登録機能は、単語を引いた後、「単語登録」ボタンを押す必要があり、余計な手間がかかります。10や20の単語を覚えるだけであれば大差ないのですが、何千から何万の単語を覚える際には、この手間は無視できません。

2）ヒストリー機能のほうが並べ替えが自由

　ヒストリー機能では、「決定」ボタンを押すだけで、単語の並び順を自由に変更できます。これによって相性の悪い単語や、紛らわしい単語を優先的に復習できます（詳細は、〈5〉『単語の並べ替えもボタンを押すだけ』や〈4部7〉『【復習2で重宝する便利なワザ】紛らわしい単語を並べて復習する』も参照してください）。単語登録機能では、このように自由には並べ替えできません。

3）ヒストリー機能では、新しく単語が追加されて古いものが消えていくので、自動的にリストが更新されていく

　単語登録機能の場合、リストが満杯になると、それ以上は登録できません。新たに登録するためには、すでに登録された単語をリストから手作業で消去しなくてはなりません。対して、ヒストリー機能であれば、リストが満杯になっても単語を引けば、その単語がリストの先頭に追加され、代わりにリストの末尾にある単語が消去されます。つまりリストが自動的に更新されていくのです。リストの末尾にある単語は、すでに覚えている単語であることが多いですから、消去されても構いません。また、本書で紹介する手順では、リストの末尾の単語が消去される前に、念のためチェックするステップも組み込んであります（詳細は、〈4部10〉『【復習3】ヒストリー機能のリストの末尾も毎日復習していく』を参照してください）。

＊

　私は、ヒストリー機能をフルに活用してきましたが、単語登録機能は、あまり使っていません。両方を併用したこともあるのですが、便利さがまったく違うので、ヒストリー機能だけを使うようになりました。

　意外と多くの人が、ヒストリー機能よりも、単語登録機能を使うようです。登録することで安心してしまうのかもしれません。しかし単語は最終的には、辞書に登録するのではなく、自分の頭に記憶するものです。そのためにはヒストリー機能のほうが適しています。

1 英英辞典とヒストリー機能を組み合わせた覚え方の大まかな流れ
― 10000語の壁を軽々と越えて30000語にチャレンジ ―

　これまで見てきたように、ポケット版の英英辞典と電子辞書のヒストリー機能は便利なツールですが、組み合わせて使うと、さらに強力な暗記ツールになります。これから数項にわたって、組み合わせた覚え方の手順を具体的に説明していきますが、まず最初に、大まかな流れを示しておきます。

　覚え方の手順は、下準備、暗記、復習に分けられます。復習は、さらに3つの手順に分けられます。

　以下のようになります。

【下準備】ポケット版の英英辞典で未知語をマーキングする

⬇

【暗　記】マーキングした未知語を、ポケット版の英英辞典で少しずつ覚えていく

⬇

【復習1】数日前までさかのぼって、ポケット版の英英辞典で復習していく

⬇

【復習2】左記で覚えにくい単語を、電子辞書で引いてヒストリー機能のリストに移し、リストの先頭から毎日復習する

⬇

【復習3】ヒストリー機能のリストの末尾も毎日復習していく

*

長期的な流れとしては、以下のようになります。

最初の数週間から数ヵ月【下準備】
　1日1～5時間（単純作業なので、できれば一気集中がベター）

次の半年から1年半【暗記と復習1～3を同時進行させる】
　1日2～3時間（作業の種類と量が多いので、ある程度の時間を確保したい）

それ以降【復習1～3を同時進行させる】
　1日1～2時間（時間を少しずつ減らしても大丈夫になってきます）

以降の項で、各手順について詳しく説明していきます。

2 【下準備】 ポケット版の英英辞典で未知語をマーキングする
― 数週間から数ヵ月でパッパと終わらせよう ―

　ポケット版の英英辞典を1ページから読み始めて、未知の単語をマーキングしていきます。

　この作業は短期集中でやったほうが勢いがつきます。知らない単語にマーキングするだけですから、意志も根気も英語力も必要ありません。ダラダラやっていると終わりませんが、テキパキやればすぐに終わります。

　注意点は、知らない単語の多いページは退屈に感じられやすいということです。知っている単語に目を走らせているときは「知ってる、知ってる、これも知ってる！」といった感じでリズムに乗りやすいのですが、知らない単語にマーキングするのですから、「知らない、知らない、これも知らない」と、なんとなく気分が乗らずに退屈になってきます。これは想定内のことですから淡々と続けましょう。ポジティブに考えて、「こんなに多くの知らない単語が、半年後、1年後には自分のモノになるなんて、待ちきれない！」と自分をワクワクさせるのもよいでしょう。

　マーキングしながら同時に覚えようとして、「覚えられなくて作業が進まない」と嘆く人がたまにいますが、それは当然のことです。マー

キングするだけでは普通の人は覚えられません。ここでの目的は、未知語のマーキングであって、単語を覚えることではありません。それは後で行います。

　単語を塗りつぶす必要はありません。単語の左にチョンとマーキングするのが便利です。多義語でたくさんの意味があって、途中から知らない意味が記載されている場合でも、その左にチョンとマーキングするだけです。意味は知っているけれど発音を勘違いしていた単語は、発音記号の左にチョンとマーキングすればよいでしょう。

　マーカーの色は、黄色は避けるのが無難です。外出先で復習するときに、照明や明るさによって、意外と見にくいことがあるからです。

　ペースは、『LONGMAN Handy Learner's DICTIONARY OF AMERICAN ENGLISH』であれば、aからzまで512ページですから、1日20ページ近くマーキングすれば、数日休んでも1ヵ月で終わります。1日10ページのペースであれば、数日休んでも2ヵ月で終わります。私の場合は冬休みを利用して、1日40ページのペースで2週間で終わらせました。これくらいで終わるのが、多くの人にとって現実的で成功しやすいペースだと思います。

3 【暗記】 マーキングした未知語を、ポケット版の英英辞典で少しずつ覚えていく

— 「1日1時間または2ページ」のように時間とページで
目標を立てると成功しやすい —

　英英辞典への未知語のマーキングが終わったら、単語を暗記する作業に入ります。毎日少しずつ覚えていきます。初めはテクニックを使わずに、次のようにオーソドックスに覚えていきます。

1）マーキングしてある単語について、発音を確認し、語義や例文などを丁寧に読む

　黙読で大丈夫です。

2）「覚えよう」と意識して、単語と意味を何回か暗唱する

　「覚えよう」と意識せずに、自然に覚えられることを期待して、単語を眺めているだけの人がいます。それで「覚えられない」と嘆いても、それは当然のことです。眺めるだけで覚えられるわけがありません。「覚えよう」と意識して覚えましょう。

　声に出すのが理想ですが、公共の場所や疲れているときなどは、黙読でも大丈夫です。

　意味は、英英辞典の定義をそのまま暗唱して覚えるのが理想です

が、覚えにくい場合は日本語でも構いません。たとえば、azure を "a bright blue color" と暗記できれば理想ですが、もし覚えにくい場合は、「空色」と覚えてしまっても大丈夫です（〈8〉『【復習2のヒント】ヒストリー機能では、英英と英和のどちらを使う？』も参照してください）。

3) 1ページ終えたら語義を手で隠し、単語だけを見て発音と意味がわかるか確認していく。覚えていない場合は2)に戻る

4) ページ右下から、逆の順序でも確認していく

　ページ右下から左上へ向けて確認していくのは、「並び順で覚えているだけ」の可能性を防ぐためです。

*

　ペースは、『LONGMAN Handy Learner's DICTIONARY OF AMERICAN ENGLISH』なら全部で512ページありますから、1日2ページのペースで、約8〜9ヵ月で終わります。早く終わらせたい人は、1日4ページにすれば、約4〜5ヵ月で終わります。無難なやり方としては、1日2ページのペースで進めて、用事やら何やらで勉強できない日があることも想定して、1年くらいで終える気持ちでいればよいと思います。

　なお、1日何ページといったノルマは、あくまで目安ですので、柔軟に変更して大丈夫です。未知語が多いページは覚えるのに時間がかかるし、疲れている日も同様でしょう。

ちょっとしたノルマの立て方のコツは、「1日1時間または2ページのどちらか」というように、時間とページの両方で目標を設定することです。そして覚えにくい単語が多いときは、その日は無理に覚えようとせずに、1時間だけ淡々と暗唱を繰り返せばいいのです。ただ、暗唱して終わりではなく、翌日も同じページにトライしましょう。今度はだいぶ覚えやすくなっているはずです。逆に、覚えやすい単語が多いときは、1時間もかけずに2ページを覚えられるかもしれません。そのときは空いた時間は自由です。遊んでも寝てもいいでしょうし、3ページ覚えてしまってもいいでしょう。

　このように時間とページで目標を立てると挫折しにくくなります。「自分で決めた目標を守れないとは、なんて自分は意志が弱いんだ！」というように自己嫌悪に陥ることはありません。

4 【暗記のヒント】 新しく覚えるときのコツ
— j, k, q, x, y, z を先に覚えて、c, s, i, u は後回し —

辞書を暗記するときの、ちょっとしたコツをお伝えします。

コツ 1） j, k, q, x, y, z などの、ページ数の少ない単語から始める

　辞書や単語集の暗記は、挫折する人が非常に多いです。理由の１つは、「覚えるのに時間がかかって、いつになっても終わらない」と感じることです。そこで早めに達成感が得られるよう、ページ数の少ない単語から始めると成功しやすいです。

　『LONGMAN Handy Learner's DICTIONARY OF AMERICAN ENGLISH』のページ数は、次のとおりです。

a で始まる単語		26 ページ
b	〃	31 ページ
c	〃	46 ページ
⋮		
j	〃	4 ページ
k	〃	4 ページ
⋮		
q	〃	3 ページ
⋮		

x	//	1ページ
y	//	2ページ
z	//	1ページ

　こうして見ると、aから始めると、なかなか達成感が得られずに挫折する人が多いのもわかる気がしますね。対して、x, y, zなどは、1～2ページですから、頑張れば1日で覚えられます。そうすると、「x, y, zで始まる単語はすべて覚えた！」という一種の征服感、達成感のようなものを味わえます。

　新聞・雑誌・本などを読んでいても、「x, y, zなら任せなさい！」「早くx, y, zで始まる単語が出てこないかな」と、ワクワクした気持ちで楽しく読めるようになります。楽しさが感じられれば単語暗記も加速します。

　大きな成功は小さな成功の積み重ねです。ページ数の少ない単語から覚えていくことをお勧めします。

コツ2）iとuは最後に覚える

　iやuで始まる単語は、indirectとdirectやunhappyとhappyの関係のように、接頭辞がついてできた反意語が多いです。このような場合は、もととなる単語を覚えるのが先決です。indirectやunhappyのような簡単な単語であれば問題なくても、intrepid（恐れを知らない）やirrefutable（反駁できない）のような単語は、trepidation（恐れ）やrefute（反駁する）を前もって知っていたほうが覚えやすいです。ですから、iとuは、最後に覚えることをお勧めします。

コツ3）cとsは後回しにする

cとsはページ数が多くて大変なので、後回しにします。

『LONGMAN Handy Learner's DICTIONARY OF AMERICAN ENGLISH』のcとsのページ数は、次のとおりです。

c　46ページ
s　72ページ

辞書全体が512ページですから、cとsで全体の約2割を占めていることになります。

cの46ページというのは、sの72ページと比べれば少ないとはいえ、相当のページ数です。発音も複雑で、同じceで始まっても、cellはセルですが、celloはチェロですし、同じchaで始まっても、characterはキャラクター、charadeはシャレイド、chariotはチャリオトです。

sは、cほど発音が複雑ではありませんが、とにかくページ数が多いので終わるまでに時間がかかります。

そしてcとsの両方を合わせると、cellとsell、censorとsensor、centとscentのような同音異綴語（発音が同じでスペルが異なる単語）が出てきて、混同しやすくなります。

このように、cとsは手間がかかるので後回しにすることをお勧めします。暗記の要領がつかめてきて、「あとはc, s, i, uを残すのみ」と

なってからチャレンジすればよいでしょう。この段階まできていれば、登山で言えば、山頂が視野に入ってきています。山頂が視野に入ってきていれば、「あの山頂に立ちたい！」というエネルギーが生まれてきますから、残りの道が険しくても登りきれるでしょう。

5 【復習1】 数日前までさかのぼって、ポケット版の英英辞典で復習していく
― さかのぼりすぎて、計画倒れにならないように ―

単語は、一度覚えただけでは定着しません。マメに復習する必要があります。その手順を説明していきます。

1) 昨日覚えたページを今日も覚えているかチェックする

忘れていた単語は覚え直しましょう。昨日よりは楽に覚えられるはずです。場合によっては、ほとんどの単語を忘れているかもしれませんが、そこで落ち込む必要はありません。「昨日覚えたばかりなのに、もう忘れてしまって、自己嫌悪に陥る！」と嘆く人がいますが、大多数の人が忘れてしまうのです。忘れてしまうのが当然なのですから、落ち込むことなく、淡々と覚え直せばいいだけです。

2) 一昨日覚えたページを今日も覚えているかチェックする

一昨日覚えた単語もチェックしましょう。昨日覚えたページより、覚えている単語は多いでしょう。覚え直すのに必要な負荷も、昨日のページより軽いはずです。

3) 同様にして、3日前、4日前、5日前…10日前に覚えた単語をチェックしていく

　以前のものほど、復習にかかる労力と時間は軽く短くなっていきます。復習は、すればするほど楽になります。頭でわかっていることなので、あとは実行あるのみです。

　理想を言えば、10日前に限定することなく、11日前、2週間前、1ヵ月前、2ヵ月前といった具合に、どんどん連続して復習していくほうがよいのは当然です。しかし今取り組んでいるのは、約500ページあるポケット版の辞書です。復習するときに以前にさかのぼりすぎると、半永久的に終わりません。そこで発想を切り替えて、自分が確保できる時間と相談しながら、現実に復習できる範囲を決めます。1週間前でも5日前でも、各自でやりやすいように調整してみてください。10日前というのは、一般的な目安です。

　このように一定期間、毎日復習していくと、数回の復習で覚えられる相性のよい単語と、何回復習しても翌日には覚えていない相性の悪い単語とに分かれてきます。相性の悪い単語は、電子辞書のヒストリー機能を活用して、引き続き毎日復習していきます。これは次の項で説明します。

　相性のよい単語のうち、11日前より以前に覚えた単語には、しばらく出合わないことになります。不安になるかもしれませんが、相性のよい単語は意外と忘れないものなので安心してください。それにポケット版の英英辞典の復習を続けていれば、いずれ一周して再会します。

6 【復習2】 覚えにくい単語を、電子辞書で引いてヒストリー機能のリストに移し、リストの先頭から毎日復習する

― 相性の悪い単語も、いつかは仲良しになる ―

何回復習しても翌日には覚えていない相性の悪い単語は、めげずに何回も復習する必要があります。20回でも30回でも毎日連続して復習する必要があるわけです。

こんなときは電子辞書のヒストリー機能を使えば、相性の悪い単語を毎日優先的に効率的に復習できます。以下に手順を示します。

*

1）ポケット版の英英辞典で復習していて「この単語は相性が悪い！」と感じられた単語を、電子辞書で引く

これだけで、ヒストリー機能のリストに自動的に記録されます。たとえば、invest, invent, investigate が相性が悪い場合は、これらの3つの単語を電子辞書で引くだけです。

カードやノートに記入するといった手間がゼロであることに注目してください。

2)「ヒストリー」ボタンを押して、ヒストリー画面を表示する

単語を引いた後であれば、次のような画面が表示されます。

```
investigate
invent
invest
───────────────────────
investigate　調査する
```

単語カードで言えば、相性の悪い単語のカードを作成して先頭に並べたことに相当します。

3) ヒストリー画面に表示された単語を、覚えているかどうか確認する

覚えていない単語があったら、カーソルを合わせれば、画面下に意味が表示されます。たとえば invent が曖昧だったら、invent にカーソルを合わせて、次のような画面を表示します。

```
investigate
invent
invest
───────────────────────
invent　発明する
```

単語カードであれば、カードをめくって確認することに相当します。ヒストリー機能では、カーソルを動かすだけで済んでしまうのです。

「覚えよう」と意識しながら「invent 発明する、invent 発明する」と暗唱しましょう。

4) ポケット版の英英辞典で毎日復習し、相性の悪い単語は電子辞書で毎日引く

これだけで、相性の悪い単語が自動的に、ヒストリー機能のリストに毎日追加されていきます。たとえば、ポケット版の英英辞典で irrigate, irritate, instigate が覚えにくかったら、それを電子辞書で引くだけです。「ヒストリー」ボタンを押してみれば、次のような新しいヒストリー画面が表示されるはずです。

```
instigate
irritate
irrigate
investigate
invent
invest
────────────────────────────
instigate　煽動する
```

新しく単語が追加されていることに注目してください。単語カードで言えば、相性の悪い単語のカードを作成して先頭に追加したことに相当します。

5）ヒストリー画面に表示された単語を、覚えているかどうか確認する

手順3）とほぼ同じです。毎日、相性の悪い単語が新たに加わるので、毎日チェックしていきます。

6）特別に相性の悪い単語があったら、「決定」ボタンを押して全画面表示する（同時にこの単語が、ヒストリー機能のリストの先頭に移動する）

たとえば、investigate が特別に覚えにくかったとします。その場合は、investigate にカーソルを合わせて「決定」ボタンを押します。investigate は、次のように全画面で表示されるのと同時に、バックスクリーンではヒストリー機能のリストの先頭に移動しています。

---

investigate
vt, vi 調査する、捜査［探索］する、取り調べる、研究する
-gable a
-gator n 調査者［官］、捜査官［員］、研究者
［L (vestigo to track (VESTIGE)）］

ここで「ヒストリー」ボタンを押せば、次のような画面が表示されます。

---

investigate
instigate
irritate

```
irrigate
invent
invest
―――――――――――――――――――――――――
investigate    調査する
```

　investigate がリストの先頭に移動していることに注目してください。ここがミソです。特別に相性の悪い単語をリストの先頭に移すことによって、毎日復習するときに、優先的に復習できるのです。

7)「次ページ」ボタンを押して、次のページのヒストリー画面を表示し、上記の手順 1)から 6)までを繰り返す

8) 上記の手順 1)から 7)までを繰り返す

＊

　以上を繰り返すと、特に相性の悪い単語が、常にリストの先頭に表示されるようになります。ヒストリー機能で復習するたびに、これらの単語から順にチェックすることになりますから、相性の悪さが徐々に解消されていきます。

　ヒストリー機能のリストは、自動的に更新されていきます。というのは、特別に相性の悪い単語は、ヒストリー画面でチェックするたびに、徐々に正解できるようになってきます。そうすると、「決定」ボタンを押して（全画面表示にして）ヒストリー機能のリストの先頭に

移す必要がなくなってきます。一方、ヒストリー機能のリストの先頭には、手順4）から6）によって、相性の悪い単語が毎日追加されてきます。結果的に、investigateのような特に相性の悪かった単語も、徐々にリストの後ろに移動していきます。最終的にリストの末尾まで移動してきた後、新たに追加される単語と入れ替わりに消えていきます。

　復習のペースは各自で調整すればよいのですが、あまり焦らないほうがいいでしょう。リストの先頭ほど相性の悪い単語が集中していますから、なかなか思うように進まないものです。そんなときは時間とページ数の両方で目標を設定しておけば進みやすくなります。「ヒストリー画面を20ページまたは1時間」のような具合にです。〈3〉『【暗記】マーキングした未知語を、ポケット版の英英辞典で少しずつ覚えていく』で述べたのと同じ要領です。

　焦らずに毎日復習していれば、徐々にではありますが、スピードが上がってきます。初めのうちは1日10〜20画面くらいの復習で精一杯だったとしても、そのうち40〜50画面くらいは楽に復習できるようになり、1年から1年半もすれば、1時間でヒストリーのリスト全部を復習できるようになります。楽しみにしていてください。

7 【復習2で重宝する便利なワザ】 紛らわしい単語を並べて復習する
――網打尽にするテクニック――

　単語を復習していると、low（低い）とlaw（法律）のような似ている単語によく悩まされます。このような紛らわしい単語は、学習が進むにつれて、どんどん増えていきます。row（列）、raw（生の）、roe（魚卵）、role（役割）、roll（巻物）、loll（だらりとする）といった具合です。このような単語は、対比しながらでないと覚えられるものではありません。ヒストリー機能を使えば、紛らわしい単語を簡単に対比して表示できます。

　たとえば、復習していて次のような画面が表示されたとします。

---

abbey
affect
ever
experience
execute
low
effect
effective

> abbey　修道院

　カーソルを上から下に動かしていき、low に合わせたときに、自分が law（法律）と混同していたことに気づいたとします。

> abbey
> affect
> ever
> experience
> execute
> low
> effect
> effective
> ───────────────
> low　低い

　間違えたときはリターンキーを押して全画面表示にし、バックスクリーンでヒストリーのリストの先頭に移動させるところまでは、今までと同じです。

> low
> 1 背丈が低い
> 2 声が低い
> 　　⋮
> 5 下品な

今までと違うのは、間違えたばかりの law を、この画面で入力しておくことです。law が全画面表示されますが、目的は、バックスクリーンで law をヒストリーのリストの先頭に追加することです。「ヒストリー」ボタンを押すと、次のように表示されます。

```
law
low
abbey
affect
ever
experience
execute
effect
─────────────────────────────
law　　法律
```

　law と low が並んでいることに注目してください。今後は復習するたびに対比して確認できるわけです。

　これで学習効果は大幅にアップしますが、さらにダメ押しの手順を紹介します。

　この後、「ページ送り」ボタンを押して、ヒストリー画面を次々に表示し、low や law と勘違いしそうな単語があれば、「決定」ボタンを押して、リストの先頭にどんどん移動させていくのです。たとえば、「ページ送り」ボタンを押して、次のような画面が表示されたとします。

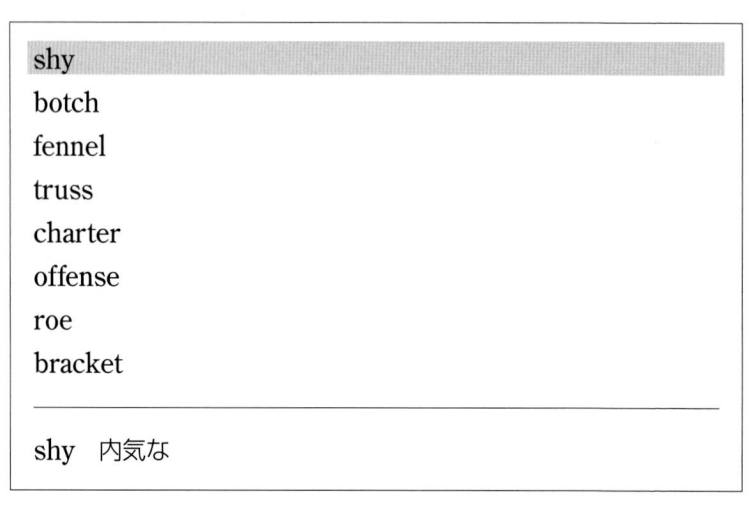

4部▶英英辞典とヒストリー機能を組み合わせた覚え方の具体的な手順

```
shy
botch
fennel
truss
charter
offense
roe
bracket
─────────────────────────
shy　内気な
```

　パッと目を走らせれば、roe（魚卵）という紛らわしい単語が見つかります。カーソルを合わせて「決定」ボタンを押せば、roe が全画面表示され、バックスクリーンではリストの先頭に移動します。「ヒストリー」ボタンを押してみれば、次のような画面が表示されます。

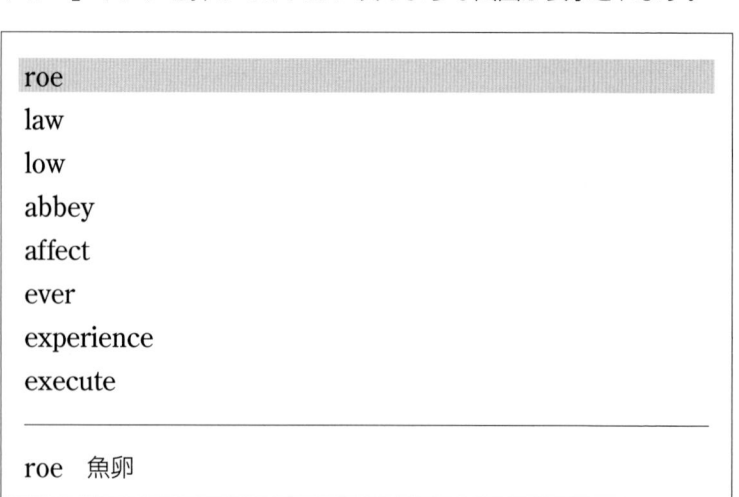

```
roe
law
low
abbey
affect
ever
experience
execute
─────────────────────────
roe　魚卵
```

roe、law、low が連続していることに注目してください。

　以降も同じように、「ページ送り」ボタンを押して次のヒストリー画面を表示し、紛らわしい単語があれば「決定」ボタンを押す、という作業を続けていきます。

　このようにすれば、紛らわしい単語を対比して毎日復習できますから、次第に頭の中が整理されていきます。

　冒頭で述べたとおり、学習が進んで語彙が増えてくるほど紛らわしい単語が増えてきて、多くの人がお手上げ状態になります。紛らわしい単語を集めた単語集や、語源別の単語集を使えば、ある程度は頭の整理ができますが、それにも限界があります。紛らわしいと感じる単語に個人差があるためです。

　たとえば、私のヒストリー画面で先頭から数ページを見たところ、個人的に紛らわしい単語が次のように集まっていました。

luxuriant
luscious
lascivious

giggle
jiggle
jagged
jaded

intercede
impede

consonant
consort

rut
strut
strum
tantrum

podium
pogrom

slob
slobber
slop
plop
plod
prod
trod
trot
trudge
drudge
dredge
drench
⋮

"オーダーメイドの単語集"のようなものです。同じように並んでいる単語集が市販されていれば私にとっては好都合ですが、そういうものはありません。

　上記では、やや難しめの単語が対比されていますが、なにも難しい単語に限ることはありません。自分にとって紛らわしい単語があれば、次のような基本単語であっても、どんどんまとめて対比して復習しましょう。

　affect
　effect

　except
　accept

　physician
　physicist

　experience
　experiment

　このようにヒストリー機能を活用すれば、紛らわしい単語を一網打尽にできます。

8 【復習2のヒント】 ヒストリー機能では、英英と英和のどちらを使う?
— 理想主義にとらわれず、現実に覚えやすいほうを選ぼう —

　電子辞書で引いてヒストリー機能のリストに記録させるのは、英英と英和のどちらがいいのか、迷うかもしれません。

　初めのうちは英和が無難です。日本語のほうが覚えやすいからです。英語だと数語でも覚えにくいものです。たとえば、azure を英英辞典の定義どおりに"a bright blue color"と覚えようとしても、語順や冠詞の有無に気をとられてしまい、最優先であるはずの意味を覚えることに集中できない場合があります。

　また、動物名や植物名などは、英英だけで覚えてもイメージがわきにくいものです。primrose, sardine, thistle などは、それぞれ

primrose : pale yellow spring flower

sardine : small young fish often preserved in oil for eating

thistle : plant with prickly leaves and usually purple flowers

と英英だけで覚えても、ピンときませんね。たとえば primrose が「淡い黄色の春の花」というのであれば、菜の花、黄菖蒲、ポピーな

ど、どれも当てはまりそうでハッキリしません。そしてハッキリしないと、記憶に定着しにくいものです。primrose, sardine, thistle などはサクラソウ、イワシ、アザミのように日本語で覚えたほうが、記憶に定着しやすいでしょう。

　英語は英語のまま理解するのが目標なので、日本語で覚えることを好まない人がいます。しかし直読直解ができるようになっている中上級者であれば、単語を日本語で覚えたからといって、英語を英語のまま理解できなくなることはありません。また「primrose サクラソウ」といったん日本語で覚えた後は、多読などで大量の英語に接しているうちに、primrose だけでイメージがわくようになるものです。理想論にこだわる必要はありません。

　復習を繰り返していれば、〈5〉『【復習1】数日前までさかのぼって、ポケット版の英英辞典で復習していく』の手順のように、英英辞典で復習する回数や時間が増えてきますから、英語で意味を言える単語も徐々に増えていきます。このような段階になったら、電子辞書も英英辞典で引いて、ヒストリー機能のリストを英英に移行していくとよいでしょう。

9 【復習2のヒント】 ヒストリー機能では、ジーニアスとリーダーズのどちらを使う?

― 画面レイアウトが異なることがあるので、両方で使い勝手を確認しておこう ―

　電子辞書は、収録されている英和辞典によってヒストリー画面のレイアウトも異なるため、使い勝手も異なってくることがあります。ここでは、ジーニアスとリーダーズを比較して、使い勝手の違いを説明します。私のEX-wordの画面を簡略化しているので、皆さんの辞書とは異なるかもしれませんが、使い方のヒントとして参考にしてください。

　まずはリーダーズ英和です。

---

inauguration
mumble
grumble
crumble
disparage
disparate
dab
dabble

> inauguration
> 　n 就任（式）；正式開始、起業、発会；落成［開業、開通、除幕］式

画面下を見れば、すぐに意味を確認できるレイアウトになっています。

ジーニアス英和だと、次のようになります。

> inauguration
> mumble
> grumble
> crumble
> disparage
> disparate
> dab
> dabble
> ―――――――――――――――――
> inauguration
> ［初 16c；inaugur<ate> ＋ -ation］
> 名

画面下を見ても、語源の解説にスペースがとられているため、すぐには意味を確認できません。確認するには、「決定」ボタンを押して全画面表示にする必要があります。

2章 単語

▼4部・英英辞典とヒストリー機能を組み合わせた覚え方の具体的な手順

135

学習には余計な手間をかけないことが大切なので、意味をすぐに確認できるリーダーズ英和のレイアウトをお勧めします。

10 【復習3】 ヒストリー機能のリストの末尾も毎日復習していく
― 単語がリストから消える前に確認しよう ―

　ヒストリー機能のリストは、やがて満杯になります。リストが満杯になっても、新しく単語を引けば、その単語が記録され、代わりにリストの末尾から古い単語が消えていきます。

　古い単語がリストの末尾から消えていくのは、惜しい気がします。しかし、リストの末尾にある単語は、覚えているはずの単語です。〈6〉『【復習2】覚えにくい単語を、電子辞書で引いてヒストリー機能のリストに移し、リストの先頭から毎日復習する』の手順を行っていれば、覚えていない単語は常にリストの先頭に移動することになるので、覚えた単語がリストの後ろに移っていくからです。

　ただ、元々は相性が悪くポケット版の辞書では覚えきれなくてヒストリー機能のリストに移したわけですから、リストの後ろへジワジワと移動する間に、また忘れている可能性もあります。そこで、リストの先頭からの復習に加えて、リストの末尾からも復習するのです。

　手順は次のとおりです。

1）ヒストリー画面で、「ページ送り」ボタンを押し続けて、リストの末尾を表示する

EX-word のヒストリー機能では、単語が 1000 語まで記録されています。「ページ送り」ボタンを押し続けると、1 分ぐらいで末尾が表示されます。

私のヒストリー画面の末尾は、次のようになっていました。993 番から 1000 番目の単語です。

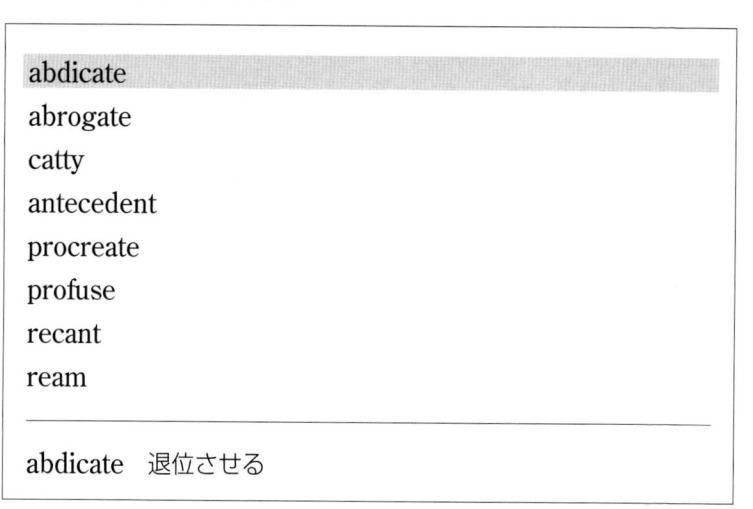

```
abdicate
abrogate
catty
antecedent
procreate
profuse
recant
ream
────────────────
abdicate  退位させる
```

これらの単語は、かつてはポケット版の英英辞典で何度も間違えて、ヒストリー機能のリストに移して復習するうちに徐々に記憶に定着し、今では覚えている単語です。

2) 単語を覚えているか確認する

リストの先頭を復習するときと基本的に同じ手順です。

サッと目を走らせて、8個を余裕で覚えているときは、逆方向の「ページ送り」ボタンを押して、次のページを同じようにチェックしていきます。

サッと目を走らせて、8個覚えてはいるけれど、念のために意味を確認したい場合は、カーソルを合わせて、画面の下に意味を表示します。

3) 忘れている単語や、覚えていても記憶が頼りない単語は、「決定」ボタンを押して全画面表示にし、リストの先頭に移動させる

たとえば、左ページの画面で「profuse は覚えてはいるけれど、たまに diffuse と混同しそうだ」というように頼りなさがある場合は、profuse で「決定」ボタンを押せばいいのです。すると、profuse が全画面表示されるとともに、次に「ヒストリー」ボタンを押したときにリストの先頭に移動します。「ヒストリー」ボタンを押してヒストリー画面の先頭を表示すると、次のようになっています。

---

profuse

investigate

instigate

irritate

irrigate

invent

invest

4部▶英英辞典とヒストリー機能を組み合わせた覚え方の具体的な手順

> abbey
>
> ―――――――――――――――――
>
> profuse　豊富な

　1000語のリストの末尾ページにあった profuse が、リストの先頭に移動していることに注目してください。

　なお、ここで「決定」ボタンを押した後に「ヒストリー」ボタンを押したのは、profuse がヒストリーのリストの先頭に移動したことを皆さんに示すためです。実際の作業では、「決定」ボタンを押すたびに「ヒストリー」ボタンを押す必要はありません。

4)「戻る」ボタンを押す

　profuse の全画面表示から、ヒストリー画面に戻ります。

> abdicate
> abrogate
> catty
> antecedent
> procreate
> profuse
> recant
> ream
>
> ―――――――――――――――――
>
> abdicate　退位させる

140

5) 逆方向の「ページ送り」ボタンを押して、1つ前のヒストリー画面を表示する

985番目から992番目の単語が表示されます。

6) 手順2) から5) を繰り返す

復習のペース

記憶が定着してくると、ヒストリー画面のリストの復習は、1時間で1000語を終えられるようになります。が、そこまで慣れるには、半年から1年半ぐらいの期間が必要です。当面の現実的なペースとしては、「毎日、先頭ページを30分または5ページと、末尾のページを5ページ」のように、先頭と末尾の両方を少しずつ復習するのがよいでしょう。

4部▶英英辞典とヒストリー機能を組み合わせた覚え方の具体的な手順

11 初中級者の場合の覚え方
― 単語集だけでは覚えられなくなってきたら、
　　ヒストリー機能の出番です ―

　本書はここまで、主に中上級者を対象として、ヒストリー機能を使ったポケット版英英辞典の覚え方を説明してきました。しかし実は、この覚え方は初中級者でも使える方法です。この時点では英英辞典を覚える必要はないでしょうから、ヒストリー機能を活用して現在使っている単語集を覚えてみてください。〈2〉『【下準備】ポケット版の英英辞典で未知語をマーキングする』だけ、お使いの単語集に置き換えて読んでいただければ結構で、ヒストリー機能を使ったあとの手順は共通です。今まで覚えられなかった単語も効率的に身につくことでしょう。

　基本的な考え方は、「語彙強化の手順を、下準備、暗記、復習に分けて、下準備にかける時間を減らし、暗記と復習に時間をかけること」です。

　初中級者に限った話ではありませんが、一般的には初中級者ほど、ノートを作成したりエクセルにデータを取り込んだりして下準備に時間をかけ、暗記と復習にかける時間が不足する傾向があります。これでは本末転倒です。これを是正するのにヒストリー機能を活用してください。単語を電子辞書で引くだけでいいのです。浮いた時間を使って、ヒストリー機能の復習に時間をかけてください。そうすれば、あっ

という間に中上級者の仲間入りです。

　ただし、こう書いたからといって、「よし。単語集にマーキングした単語を電子辞書で引いて、どんどんヒストリー機能のリストに移しちゃえ！」といったように急いだりはしないでください。電子辞書で1回引くことは、カードの作成やエクセルへの取り込みなどに比べれば手間はゼロに近いとはいえ、1回引くだけの手間はかかっているわけです。下準備の手間はできるだけ省くのが原則です。まずは、できる範囲で、単語集からそのまま覚えてみてください。覚え方の基本は、「覚えたかどうかを確認し、覚えていなければ、『覚えよう』と意識して覚える」ことです。この基本を守っていれば、初中級者の単語集であれば、テクニックを使わなくても、かなりのところまで覚えられるものです。

　上記のことを踏まえたうえで、単語集で覚えにくい単語はヒストリー機能のリストに移して、毎日復習して覚えていってください。初級者であれ上級者であれ、どうしても相性の悪い単語はあるからです。

　まとめると、「語彙強化の手順を、下準備、暗記、復習に分けて、下準備にかける時間を減らし、暗記と復習に時間をかける。最初は単語集だけで覚えてみて、覚えにくい単語はヒストリー機能のリストに移して、毎日復習する」ということになります。

　こうして一気に中上級者の仲間入りをしてください。

2章 単語

▼4部・英英辞典とヒストリー機能を組み合わせた覚え方の具体的な手順

12 手順のまとめ
― 1年後を楽しみに ―

ここまでの手順を再度まとめておきます。

　覚え方の手順は、下準備、暗記、復習に分けられます。復習は、さらに 3 つに分けられます。

【下準備】ポケット版の英英辞典で未知語をマーキングする

⬇

【暗　記】マーキングした未知語を、ポケット版の英英辞典で少しずつ覚えていく

⬇

【復習 1】数日前までさかのぼって、ポケット版の英英辞典で復習していく

⬇

【復習 2】上記で覚えにくい単語を、電子辞書で引いてヒストリー機能のリストに移し、リストの先頭から毎日復習する

⬇

【復習 3】ヒストリー機能のリストの末尾も毎日復習していく

長期的な流れは、以下のようになります。

> **数週間から数ヵ月【下準備】**
> 　1日1～5時間（単純作業なので、できれば一気集中がベター）
>
> **次の半年から1年半【暗記と復習1～3を同時進行させる】**
> 　1日2～3時間（作業の種類と量が多いので、ある程度の時間を確保したい）
>
> **それ以降【復習1～3を同時進行させる】**
> 　1日1～2時間（時間を少しずつ減らしても大丈夫になってきます）

1 気分転換に、上級用の単語集をパラパラ眺めて自信をつける
― 知っている単語が多い単語集は快感 ―

　単語の学習は長期戦です。たまには気分転換するのもよいでしょう。たとえば、上級用の単語集をパラパラ眺めてみるのもお勧めです。

　『LONGMAN Handy Learner's DICTIONARY OF AMERICAN ENGLISH』を覚えてしまえば、日本で出版されている単語集は上級用のものであっても、ほとんど知っている単語になるので、1日で目を通せるようになります。知っている単語ばかりの単語集というのは眺めていて快適ですから、とてもよい気分転換になります。

　『LONGMAN Handy Learner's DICTIONARY OF AMERICAN ENGLISH』を覚えきっていなくても、上級用の単語集を眺めるのはお勧めです。上級用単語集には、覚えやすいように著者独自の工夫がされているものもあり、今まで相性の悪かった単語が覚えられたり、親しみやすくなることがあるからです。

　次の2冊は、ときおりニヤニヤ笑える楽しい単語集です。

『発信型英語10000語レベル スーパーボキャブラリービルディング』
植田一三 著（ベレ出版）

音のイメージを使った覚え方や、ダジャレが面白いです。たとえば、jeopardy（危険）は、

jeopardy（行くぜパーティ危険な乱交）

といった具合です。公共の場所で読んでいると思わず吹き出してしまうことがあるので危険です。自宅で読みましょう。

『超ハイレベル英単語 800（Puntasy World へようこそ）』
野崎成文 著（三修社）

洒落を取り入れたユーモラスな例文が面白いです。たとえば、hanker（切望する）は、

My son started to **hanker** to be a **banker**.
私の息子は銀行家になることを切望し始めた。

といった具合です。

意味と例文が収録されたオーソドックスな上級用の単語集としては、次のものがあります。

『究極の英単語セレクション―極上の 1000 語』
向江龍治 著（アルク）

『最強の英語ボキャブラリー1700語』
小島加奈子 訳（語研）

*

　上級用の単語集の注意点としては、「この単語集をバイブルにして、何年もかけてじっくりマスターしよう！」などと思わないことです。結果的に何年もかかってしまうことがあるのは仕方ないですが、最初から何年もかけるつもりでいると、永遠に終わりません。いくら高度であっても、単語集は単語集であって単なる手段にすぎず、実際の英語のごくごく一部であることを忘れないようにしましょう。

2 | 単語集を辞書代わりにしない
― 英語の世界が狭くなり、学習が不必要に停滞する ―

　単語集には、情報が豊富なことをセールスポイントにしているものがあります。「語源も例文も発音記号も語法も詳しく載っているので、これさえ覚えれば完璧で、辞書は不要！」のようなキャッチコピーのものです。

　このような単語集は、単語集を辞書代わりに使う人に特に人気があるようです。しかし電子辞書が普及した現在、単語集を辞書代わりに使うのは、あまり意義があるとは思えません。携帯性、検索の速さ、情報の量と質の点で、電子辞書のほうが優れているからです。

　なによりも、単語集を辞書代わりに使っていると、その人の英語の世界が、ごく狭いものになってしまいます。たとえば、未知の単語を調べて単語集に載っていないと、「この単語は難しい単語なんだから覚えなくていいんだ」と思ってしまうのです。単語集は、実際の英語のごくごく一部にすぎないという意識が薄れてしまい、単語集の単語を覚えれば十分なんだという錯覚に陥ってしまうのです。

　また上記と関連して、学習ペースが落ちてしまうおそれもあります。単語集は実際の英語のほんの一部だという認識があれば、覚える単語は他にも山ほどあるわけですから、「単語集レベルの単語はスピーディに覚えてしまおう」と思うものです。ところが、単語集を覚

えれば十分なんだと錯覚している人は、ノンビリしている場合ではないのに、「この単語集をジックリと何年もかけて覚えよう」などと思ってしまい、学習が不必要に停滞してしまうことがあるのです。

　単語集は覚えるためのものであって、調べるためのものではありません。単語を調べるのは辞書の役目です。そして中上級者の場合は辞書でさえも、覚えるために活用できるのです。

　単語集を辞書代わりにしている人がいたら、考え直してみるとよいでしょう。

3 電子辞書にカバーをつけない
― 道具は使ってナンボ。携帯電話にカバーをつけませんよね? ―

電子辞書にケースやカバーをつけている人は多いものです。電子辞書を丁寧に扱おうという気持ちは素晴らしいと思います。だた効率を考えると、外してしまうことをお勧めします。

理由は以下のとおりです。

1) カバーやケースを開けるのに余計な手間がかかる。結果として、辞書を使う頻度が減る

余計な手間がかかることによって、辞書を使う頻度が減るのは大きな損失です。頻繁に使う携帯電話は、ケースやカバーに入れず、カバンやポケットに直接入れると思います。電子辞書も同じです。

2) かさばる。結果として、外出時に携帯しなくなる

外出時に気軽にポケットに入れてマメに復習することが難しくなります。使う頻度が減ることになります。

3) カバーやケースがなくても、簡単には壊れない

電子辞書はそれほど簡単には壊れません。私は100回以上は床に落

としていますが、壊れたことはありません。カバンに入れるときも、荷物と一緒にギュウギュウに詰め込むこともありますが、それでも壊れていません。

　余談ですが、私は、紙の辞書や参考書も、購入した日のうちにカバーや表紙を捨ててしまいます。そのほうが片手でページをめくりやすいからです。辞書や参考書は、ピカピカの状態を保つのが目的ではなく、頻繁に参照して英語力を高めるためのものなのです。

　道具は、使ってナンボです。

4 隙間時間は、復習優先
― 基本の基本 ―

基本的なことなので皆さん承知だとは思いますが、念のために書いておきます。

隙間時間には、新しく覚えることよりも、復習を優先しましょう。

誰でも、電車を待つ間や、ファミレスで食事が出てくるまでの間など、探せば隙間時間はたくさんあると思います。しかし、このような落ち着かない隙間時間では、新しく単語を覚えようとしても、あまり頭に入らないでしょう。新しく覚えるには、ある程度のまとまった時間と集中力が必要です。

隙間時間は、ヒストリー機能を使ったりして、今までに覚えてきた単語を復習するほうが効率的です。復習はそれほどの集中力を必要としませんし、まとまった時間がなくてもできるものです。隙間時間の復習は負荷が軽いので、やってみればあっけないほど簡単に習慣になります。他人からは不断の努力に見えても、本人としては単なる習慣でやっているだけです。それでいて効果が抜群ですから、ありがたいものです。

5 すっぱいブドウに気をつけて
— ブドウはおいしいし、単語は楽しい —

　せっかくヤル気に燃えているのに、水をさすようなことを言われたことはありませんか？

「英単語なんていくら覚えてもキリがないよ」
「文法なんて不要だよ」
「発音なんてイイカゲンでいいんだよ」
「英語を身につけても、どうせ使う機会なんてないよ」

といったセリフです。このようなセリフを見聞きすると、その人の意図はどうであれ、私は『イソップ物語』のすっぱいブドウを思い出してしまいます。ブドウを取ろうとして蔦にジャンプするけれども届かず、「あのブドウは、どうせすっぱくて食べられないのさ」と負け惜しみを言うキツネの話です。

　負け惜しみについては、注意点が2つあります。

　1つは、耳を貸さないことです。これは難しいことではありませんね。ネガティブなセリフには一切耳を貸さないようにすればいいだけですから。

　意外と難しいのが、すっぱいブドウを自分で作り出さないことだと

思います。これは自戒を込めて書くのですが、すっぱいブドウは、自分が挫折しそうなときにヒョイと顔を出してきます。ボキャビルが苦しくなってきたときに限って、「こんな単語を覚えても、どうせ使わないのさ」というように、もっともらしい理由をつけて自分を正当化しようとするわけです。

　ブドウは、手が届いて食べてみれば、おいしいです。
　単語も、覚えてしまえば、とても楽しいです。

6 いつでもどこでも学習する。しかも気持ちよく
— 水辺、公園、ファミレス、ホテルのロビー、ストレッチ —

　単語に限らず、学習を成功させるには、できるだけ学習時間を確保するのが基本です。そのためには、いつでもどこでも学習できるようにしておく工夫が必要です。

　ただ、「いつでもどこでも」と言っても、中上級者になると自分なりの学習スタイルを確立しているために、かえって「自宅の机」や「通勤電車」というようにワンパターンになっていることも意外と多いようです。そこで参考までに私のスタイルを紹介しておきます。「こんなスタイルもあるんだな」くらいの参考にしてください。

● ストレッチしながら

　床に座って足を大きく開いて、体を前に曲げるストレッチがありますね。私は、辞書を片手に、このストレッチをすることが多いです。左、前、右の3方向でストレッチしていると、30分くらい経過してしまいます。また、頭がスッキリして目が覚めるので、眠くなったときや気分転換にもお勧めです。

● 布団の中で

　枕元には電子辞書を置いておくとよいです。寒い日は布団から出たくないことがありますが、出ないで勉強していればいいのです。また、

夜なかなか眠れないときも、単語を覚えていればよいのです。そのうち眠くなるのは皆さん経験済みかと思います。眠くなったら、そのまま電子辞書を閉じてしまっても大丈夫です。大半の電子辞書は、フタを閉じたときの画面が、次回表示されるようになっています。前回までに学習したページを探す手間もかかりません。

● ファミレス

　ファミレスは、ソファやテーブルが大きく安定していて、意外と学習しやすいです。また、多くのファミレスには、ドリンク飲み放題のドリンクバーがあります。眠くなったらコーヒーやお茶を飲んで、もう一頑張りしましょう。やや騒がしいのが難点ですが、耳栓を常に持参していれば、快適に学習できます。

● ホテルのロビー

　私は散歩していてホテルがあると、ロビーで学習することもあります。気持ちのよい空間で学習することになるので、知らず知らずに時間が経過しています。結果として、学習時間を長く確保できます。

● 水辺

　ビーチや、海辺のベンチ、川辺の土手などに腰を下ろして学習していると、とても気持ちいいです。相性の悪い単語に出合ってウンザリしても、視線を上げれば広々とした景色が眺められて、すぐに気が晴れます。また、kingfisher（カワセミ）、tern（アジサシ）、reed（葦）など、やや難しめの動植物の単語も、水辺で実物を目にすれば、覚えやすくなるでしょう。

● 公園

　四季を楽しめる公園に行けば、梅や桜や紅葉やイチョウに囲まれて幸せな気分で長時間学習できます。花見や散歩は、ある程度まで英語学習と両立できますから、どんどん楽しんでください。私はポケット版英英辞典の暗記を開始してからのほうが、海や公園で景色を楽しむことがそれ以前よりも増えました。

*

　こういう文章を読むと、あらゆる隙間時間を活用している印象を受けるかもしれませんが、そうではありません。「できるだけ隙間時間を活用しよう！」と心構えはしていますが、実際には、隙間時間の何割かを活用できているだけです。ただ、何割かでも活用できるためには、常に準備ができている必要があります。電子辞書やポケット版の英英辞典を活用するのは、このためでもあります。

3章 文法

1 問題集を徹底的に繰り返し復習して、1冊を10分くらいでチェックし終える
— 復習に時間をとられない秘訣 —

飛躍するには、足元を確認しておく必要があります。まず基礎固めとして大学受験用の問題集を復習しましょう。

ただ「問題集を復習しましょう」と言われても、中上級者になるとトレーニングの量や種類が増えてくるため、復習すると新しいことを学ぶ時間がないし、新しいことを学ぶと復習する時間がないというジレンマに陥りがちです。時間を精一杯に使って学習しても、復習の頻度が高くないため、同じ問題を何度も間違えて、自分は上達していないんだと閉塞感に襲われることもあります。

1つ、簡単な解決策をお伝えします。

それは問題集を復習する際、間違えた箇所を「徹底的に」復習することです。徹底的に復習することで、1冊の問題集をあっという間に終了できるくらいに習熟するのです。「なんだ、そんなことか」と思うかもしれませんが、これしかありません。

トレーニングの量や種類を増やすのであれば、そのための時間も増やすのが基本ですが、現実にその時間がないのであれば、処理速度を上げるしか方法はありません。そして処理速度を上げるコツは、間を

置かずに徹底的に繰り返すしかありません。

　1冊の問題集を終えたら、「間を置かずに」復習に取りかかってみてください。それを終えたら、またすぐに復習に取りかかることです。「もう大丈夫だろう」と思ってから、さらに繰り返して復習してください。そうすれば、あっという間に終わるようになりますから、新しいことを学ぶ時間も確保できます。

　また、ここまでくれば、それほど頻繁に復習をしなくても長期的に覚えていられるようになります。もちろん全問を解くのではなく、過去に間違えてマーキングしてある問題を解くのです。

　ペースは、1冊10分くらいで復習が終わるようになればよしとしましょう。ページをパラパラめくりながら、マーキングしてある問題を一瞬にして解いていくのです。何度もやった問題ですから負担も軽いです。正解であることがわかっているので、答え合わせの手間も不要です。やってみれば意外と簡単です。

お勧めの問題集を挙げておきます。

『新・英文法頻出問題演習［PART1 文法篇］』（駿台文庫）

『英文法・語法のトレーニング1 戦略編』（Z会）

『Next Stage 英文法・語法問題』（桐原書店）

『全解説頻出英文法・語法問題1000』（桐原書店）

新・英文法
頻出問題演習 [PART1 文法篇]

駿台文庫　　　903 円

英文法・語法の
トレーニング 1 戦略編

Ｚ会　　　　　1260 円

Next Stage
英文法・語法問題

桐原書店　　　1365 円

全解説頻出英文法・
語法問題 1000

桐原書店　　　1449 円

2 問題集に気が進まない人
― 学ぶことは真似ること。問題集は優れた手段 ―

　問題を解くことが好きでない人がいます。英語は、読めて書けて話せて聞けることが目的であって、問題を解くことが目的ではないということでしょう。この気持ちは、よくわかります。しかし、よくできた問題集は、英語の大事なポイントを効率よくカバーしていますから、何度も復習して身につけてしまったほうが得です。身につけた後で、読んだり話したり好きなように英語を使うのがよいでしょう。問題集は目的ではありませんが、優れた手段なのです。

　問題集を繰り返して復習することを嫌う人もいます。繰り返し復習していると正解を覚えてしまい、それで正解できても実力ではないという気持ちがあるのかもしれません。しかし英語に限らず、習い事は真似から入ります。学ぶとは真似ることです。正解を覚えてしまって構わないのです。

　正解を覚えて、同じ問題なら正解できるようになって初めて、似た問題も正解できるようになります。似た問題も正解できるようになって初めて、今まで見たことがない問題も、過去に解いてきた問題との共通点を見抜いて、正解できるようになるのです。

　安心して正解を覚えてしまってください。

3 文法書を通読する
― 単行本と同じ感覚で読んでみよう。思ったより楽しく読めるはず ―

　問題集をあっという間に復習できるようになったら、一歩進んで文法書を通読してみましょう。それほど大変ではありません。そしてメリットは大きいのです。

【メリット1】　未解決のまま放置して忘れていた疑問を解決できる
【メリット2】　実際の英語で出合う、広範囲な文法項目を理解できるようになる
【メリット3】　口頭英作文の下準備にもなる

【メリット1】　未解決のまま放置して忘れていた疑問を解決できる

　英語を読んでいて疑問を感じたとき、「この疑問は初めてではないぞ!?」と感じることがあるものです。未解決のまま放置して忘れていた疑問です。

　学習していて疑問を感じたときに、「後で調べて解決しよう」と思いながら、多くの人がそのまま放置して、やがて忘れてしまいます。

これは私も理解できます。疑問がわくたびに調べていたら学習が前に進まない、という焦りがあります。疑問がモヤモヤしていて言葉にしにくいので文法書の目次や索引から調べにくいこともあります。疑問が言葉になっていないため、忘れやすいという要素もあります。

　ただ、「後で調べて解決しよう」と思っていても、後で調べないわけですから、疑問は未解決のまま残ります。

　対策は、文法書を最初から最後まで通読することです。文法書は、疑問が浮かんだときに参照するのが一般的な使い方ですが、疑問がわいたときに参照しないのが現実なのであれば、通読するしかありません。そして通読してみれば、「そういえば、この文法項目では、こういう疑問を持ったことがあったな！　読んでみて初めて思い出したし、解説を読んで納得できた！」と腑に落ちることが多いのです。

　1冊読み終える頃には頭が整理されてスッキリしているはずです。

【メリット2】　実際の英語で出合う、広範囲な文法項目を理解できるようになる

　文法書でなく問題集をメインに学習している場合、大事なポイントを効率的にカバーできるという利点はあるのですが、現実の英語で使われる広範囲な文法項目をカバーしきれないことがあります。

　大学受験用の問題集は大学受験で問われやすい文法項目を、TOEICの問題集はTOEICで問われやすい文法項目をメインに扱っています。しかし、日常生活で実際に出合う英語は、試験で問われる

範囲をはるかに超えています。学習者のもつ疑問も、試験で扱う範囲とは限りません。

　文法書を通読することで、試験で優先される文法項目と、実際に使われている英語の文法項目とのギャップを埋めることができます。

【メリット3】　口頭英作文の下準備にもなる

　スピーキングの章で紹介する、文法書を使った口頭英作文トレーニングの下準備になります。一度目にした例文を使うことで、やや負荷が高い口頭英作文トレーニングが進めやすくなります。

*

● 通読する文法書の選び方

　定評のある文法書であれば、どれも優れているので、どれを選んでも問題ありません。相性で選べばよいでしょう。苦手な項目を数冊、読み比べてみて、わかりやすいものが相性のよい文法書ということになります。定評のある文法書を挙げておきます。

『ロイヤル英文法』（旺文社）

『表現のための実践ロイヤル英文法』（旺文社）

『英文法解説』（金子書房）

『新マスター英文法』（聖文新社）

『英文法総覧』（開拓社）

『英文法詳解』（学習研究社）

『総合英語 Forest 6th edition』（桐原書店）

● 手順

　先頭ページから読み始めてください。「わかる。面白い。いけそうだ！」と感じたら、そのまま進めてください。

　「難しい！」と感じられた場合でも心配ありません。「広く浅く」読んでいけば大丈夫です。まずは各章の見出しの下にある数行を読んでみましょう。その章の概要的な文章なので、難しいことはありません。たとえば『表現のための実践ロイヤル英文法』の第1章「文」では、次のようになっています。

> 　文を書くときは大文字で始め、終止符か疑問符、感嘆符を打って終わる。読んだり話したりするときには、強勢を置く位置と、上昇調か下降調かに注意する。

　簡単ですね！　章の数は、1冊で20～30くらいですから、全部合わせても数十ページしかありません。30分もあれば読み終えることができます。これによって全体的なイメージをつかんでしまうと同時に、「文法書なんて実は簡単」だと実感してください。

　その後、各章の本文を読んでいきます。ここでも「広く浅く」読んでいきます。たいていの文法書は、難易度に応じて、「研究」「応用」「参考」「注釈」といった高度な説明がありますが、これらは後回しにして本文だけ読んでみるのです。あっけないほど簡単に読めるものです。

高度な説明を読み飛ばすことに不安を感じる人がいますが、心配はいりません。高度な説明を読み飛ばしても、文法書は、問題集よりは網羅的・体系的になっていますから、頭の整理ができたり、長年の疑問が氷解したりして、快感を得られるはずです。このような快感を味わえば、文法書が楽しいものに変わっていき、ページをめくる速度も上がっていきます。そうなれば２周目、３周目になるときは、前回飛ばしていた「研究」「応用」などの高度なレベルの説明も、楽しく読めるようになっています。

　本来、中上級者の場合は初心者と違って、文法書を読んでもわからないということは少ないものです。「なるほど、そういうことだったのか！」と納得することが多く、最初に予想していたよりもスイスイと進むものです。そうなれば、どんどん学習が加速していきます。

● ペース

　学習時間や読書スピードは人によって異なります。文法書の通読も、自分に適したペースで行うのが基本です。

　ただし、ある程度は、一般的に望ましいペースがあります。２周目、３周目になって先頭を読み返したときに、ほとんど忘れているようでは遅すぎです。先頭に戻ったときに内容をある程度覚えているには、１ヵ月から２ヵ月くらいで読み終える必要があるでしょう。文法書は700〜800ページくらいのものが多いですから、１日約20〜30ページが目安です。もちろん、速く読める人は、どんどん速く読んでみましょう。

読むペースが上がらない人は、「文法書は分厚いので、速くは読めない」「文法書はコツコツと少しずつ読むもの」と思い込んでいるだけのことがあります。しかし、文法書よりページ数の多い本はいくらでもあります。たとえば村上春樹の『1Q84』は3冊で総ページ数は1657ページもありますが、一気に読んでしまった人も多いと思います。小説と文法書が異なるのは当然ですが、日本語で書かれた分厚い本ということでは共通しています。小説を一気に読めるのであれば、文法書も一気にとはいかないまでも、1ヵ月もあれば読めるはずです。

　総論でも述べましたが、速度を上げることを意識してください。

ロイヤル英文法
旺文社　1890円

表現のための実践ロイヤル英文法
旺文社　1890円

英文法解説
金子書房　1785円

新マスター英文法
聖文新社　1848円

英文法総覧
開拓社　2600円

英文法詳解
学習研究社　1890円

総合英語 Forest 6th edition
桐原書店　1575円

4 時間のない人は、試しに洋書の文法書を通読してみる
― 効率的。ただし無理はしないで ―

　文法書を通読すれば力がつくのはわかっているけれど、リーディングなど他にもすることがあるので、時間の余裕がないという人がいます。また、英語はなるべく英語で身につけたいという人もいます。このような人は、試しに洋書の文法書を通読することをお勧めします。英語で文法を学習できるので、リーディングと文法を同時に強化できます。

注意点

　洋書の文法書は英英辞典と違って、意外と難しい場合があります。

　文法書は、日本語で書かれたものであれ英語で書かれたものであれ、文法についての解説と、具体的な例文によって構成されています。解説が先にあって、次に例文が並んでいることが多いのですが、読み手としては、解説を読んだ段階では中途半端な理解にとどまっていて、例文を読んで初めて「解説はこういうことを指していたのか！」と納得することが多いものです。逆に言うと、例文を理解できないと、解説も中途半端な理解にとどまることが多いのです。洋書の文法書では、例文に日本語訳がありませんから、微妙なニュアンスの違いを表していたり、自分が苦手な文法項目を扱っているときは、例文を理解

できないことがあります。そうすると解説も理解できず、モヤモヤが残ってしまいます。

こんなときは無理をせず、日本語で書かれた文法書の該当項目を参照しましょう。日本語で書かれた文法書には、解説と例文と訳文があります。この3つを丁寧に読んでいけば、苦手な項目であっても理解できるものです。最近は文法書の翻訳書も増えていますので、これらを参照するのもよいでしょう。

もちろん、やさしく感じられる場合は、どんどん読み進めてみてください。

定評のある文法書で、かつ通読しやすいボリュームのものとしては、次のものがあります。

『LONGMAN Student Grammar of SPOKEN and WRITTEN ENGLISH, PAPERBACK』 Pearson ESL （487ページ）

『A Practical English Grammar』
Oxford University Press （384ページ）

次の文法書も、定評のあるものです。ただ、語法に重点が置かれていることとボリュームがあることが、通読用としては少し使いにくいかもしれません。

『Practical English Usage』
Oxford University Press （688ページ）

---

5 苦手な文法項目は、文法書だけでなく、電子辞書でも調べる
― 文法書より電子辞書のほうが便利なときがある ―

文法は文法書で調べるものと思い込んでいる人は多いようです。しかし、電子辞書のほうが優れている場合もあります。

以下の 4 点が挙げられます。

1) 文法書より詳しいときがある

2) 検索が速い

 たとえば、with で迷ったら、with を入力するだけです。文法書では、いったん目次や索引で掲載ページを調べる必要があります。数秒の違いですが、この数秒が面倒に感じられて、文法書を参照しない人もいます。

3) 携帯しやすい

 いつでもどこでも疑問点が生じたら即、調べることができます。マメに調べるかどうかで、長期的には大きな違いが生じます。

4) 復習しやすい

 電子辞書では、調べた単語がヒストリー機能で自動的に履歴に残ります。「単語」の章で説明したとおり、ヒストリー機能を使って毎

日単語を復習していれば、同時に文法も復習できることになります。

＊

2）から4）は自明なので、1）の「文法書より詳しいときがある」ことについて、詳しく説明します。

たとえば、EX-wordのランダムハウス英和大辞典で定冠詞のtheを調べると、次のように16の大項目に整理され、それぞれがさらに小項目に分類されています。

1
　⑴ ≪一度出た名詞に再び言及するとき≫その、この、問題の
　　（◆訳さないでよいことが多い）
　⑵ ≪初めて出す名詞でも、前後の状況などから指されるものが明らかなとき≫その、例の
　⑶ ≪限定の語句を伴うとき≫
　⑷ ≪すでに了解のついている仕事を指して≫
　⑸ ≪感情を表して≫…め
2
　⑴ ≪固有名詞やそれに準じるものにつけて≫
　（ⅰ）≪国名・地名・山・川・海・海峡・群島・運河・半島・砂漠など≫
　（ⅱ）≪船・列車・建物など≫
　（ⅲ）≪新聞・書物≫
　（ⅳ）≪事件名など≫
　（ⅴ）≪絵画・彫刻≫
　⑵ ≪普通名詞が固有名詞として用いられるとき≫
　⑶ ≪研究・専門分野・芸術活動の分野など≫

(4) ≪言語名≫
3
(1) ≪自然界にただ1つしかないものや自然現象など≫
(2) ≪時期・季節など≫
(3) ≪方角≫
4 ≪人名と共に用いて≫
(1) ≪称号・肩書・同格語句につけて≫（◆称号は公式のとき以外は一般に無冠詞。ただし外国人の称号には *the* をつけることが多い）
(2) ≪特にアイルランドやスコットランドの領主の家柄≫
(3) ≪複数形につけて≫…家の人々、…一家
(4) ≪芝居の役など≫
(5) ≪限定語句を伴う人名≫
(6) ≪特にウェールズ方言≫≪同格語句につけて職業を表す≫
5 最も適切な、その名にふさわしい、理想の；典型的な；最も有名な、最も重要な、随一の
◆しばしば［ðiː］と強く発音し、印刷ではイタリック体にする
6 ≪総称用法≫…というもの
(1) ≪人間・動植物の種類≫
(2) ≪ある種の病名≫
◆現在では省かれることのほうが多い
(3) ≪ the thes ≫≪じりじりする気分≫
(4) ≪集合名詞につけて≫
(5) ≪種類・タイプの代表≫
(6) ≪ play, like などに続く楽器名に用いて≫
(7) ≪文法などの術語≫

7 ≪単数の普通［固有］名詞に冠して≫…の性質、…の働き
8 ≪所有格の代わりとして≫
　(1) ≪身体や衣服の一部などを指すとき≫
　(2) ≪話／しばしばおどけて≫≪家族名などと共に用いて≫
9 ≪形容詞・過去分詞につけて≫
　(1) ≪1人の人を指す≫
　(2) ≪抽象的概念を指し、単数扱い≫
　(3) ≪グループを指し、複数扱い≫
　(4) ≪固有形容詞につき複数の人を指す≫
10 ≪主に世紀の10年をまとめて指すとき≫
11 ≪通例否定文で≫…に十分な
12 ≪単位を表す名詞につけて≫…につき（◆通例、前置詞の後に用いる）
13 ≪形容詞・副詞の最上級、または序数詞につけて≫
14 ≪成句の中で≫
15 ≪時を表す名詞について≫
　(1) 現在の、今の、目下の；その当時の
　(2) ≪主にスコット≫今の、この：*the* day = today／*the* morrow = tomorrow.
16 ≪活動、出来事を象徴する名詞につけて≫

　そして、すべての小項目に用例がついています。「用例」にカーソルを合わせて「決定」ボタンを押せば表示されます。

　たとえば、上記の2(1)(i)の≪国名・地名・山・川・海・海峡・群島・

運河・半島・砂漠など≫で「決定」ボタンを押すと、次のように用例が表示されます。

> *the* United States (of America)
> (アメリカ)合衆国
>
> *The* Hague
> ハーグ市(◆オランダ語 *Den Haag* の訳なので *The* と大文字になる)
>
> *the* Alps
> アルプス山脈
>
> *the* (River) Thames
> テムズ川
>
> *the* Hudson (River)
> ハドソン川(◆地域名としての Indian River などは無冠詞)
>
> *the* Atlantic (Ocean)
> 大西洋
>
> *the* (English) Channel
> イギリス海峡
>
> *the* Philippines
> フィリピン諸島
>
> *the* Crimea
> クリミア半島
>
> *the* Sahara
> サハラ砂漠

辞書の説明が、文法書と同等か、それ以上に充実していることがわかるでしょう。

　辞書は、冠詞だけでなく前置詞も詳しいので、不明な前置詞に出合ったら、辞書で調べてみるとよいでしょう。たとえば、with をなんでも「共に、一緒に」と訳してしまう人がいますが、それでうまくいかないことも多いはずですから、そういうときは辞書を調べましょう。ランダムハウス英和大辞典で調べると、with には、前置詞としての用法だけで 19 の大項目があります。the の場合と同じく、さらに小項目に分類されて、用例がついています。

　次のような分類になります。

---

1 ≪同伴・随伴・協力・協調・参加≫…と（一緒に）、…と共に、…に加わって；≪所属・勤務≫…の一員で、…に雇われて、…に勤務して

2
　(1) ≪関係・相互作用・交渉≫…と［に］、…を相手に、…と［に］関係して
　(2) ≪一致・調和・連結≫…と一致して、…と［に］合って、調和して；≪同方向≫＜潮流・風＞と同じ方向に

3
　(1) ≪所有・具有・携帯・特質・包含≫＜人が＞…を持っている；＜物に＞…がある、…のついた（↔ without）；＜人の＞身につけて、…を含んで、＜病気などに＞かかって
　(2) ≪付帯状況≫≪通例 with ... の後に補語を伴って≫…した状態で、…して、…しながら（◆補語は形容詞、副詞、分

詞、前置詞句など）
　(3)《付帯条件》…があれば、もし…ならば
　(4)《譲歩》《しばしば with all ... の形で》…（を所有している）にもかかわらず、…があるけれども；…をもってしても（in spite of）
　(5)《除外》…を除けば
4《道具・手段・材料・供給》…で、…を使って、…の力によって
5《様態》《通例、抽象名詞を伴い副詞句として》…で、…を示して、…をもって
6《対応・比較・比例》…と対応して、…に比べて、…に従って、…に比例して
7
　(1)《関心・感情の対象》…に関して、…に対して、…に［を］
　(2)《動作の対象》…（のこと）に関して
　(3)《命令を表す up, down, in, off, away, out などの副詞に続けて》…を（…せよ）
8《原因・理由》…が原因で、…のために、…のせいで
9《立場・見解》…の場合は、…にとっては、…の点で、…の意見では
10《分離・絶縁》…から（離れて）、…と絶縁して
11《反対・敵対》…と、…に反対して、…を相手として
12《保管・委託》…に任せて、＜物を＞ゆだねて、＜人＞の（手）もとに預けて
13《判断・評価・考慮の対象》…に対して（影響を与えて）；…を動かして
14《同時・直後》…と同時に、…と共に、…の直後に；…する

やいなや
15 《同意・賛成・支持》…に賛成［味方］して、…を支持して
16 《場所・所在地・同居》…と同じ所に、…の所に、…と共に
17 《同等・符合・同様・類似》…と（同じで）
18 《連結・混合》…と（合体して）
19 《接近・遭遇》…と、…に

多くの人が苦手とする付帯状況の with は、次のように用例が 7 つも載っています。

sleep *with* the window open
窓をあけて眠る

with tears in one's eyes
目に涙を浮かべて

walk *with* one shoe off and one shoe on
片方の靴は脱ぎ一方の靴は履いたままで

walk (*with*) (a) pipe in (one's) mouth
パイプをくわえて散歩する（◆ *with* を省くと冠詞、所有格などを省くこともある）

With night coming on, we started home.
夜になってきたので私たちは家路についた（◆ *with* を省くと独立分詞構文となる）

> *With* the fog to help me, there wasn't any danger of being seen.
> 霧のおかげで、人に見られる危険もなかった
>
> We climbed the hill, *with* Jeff following behind.
> ジェフを後ろに従えて我々は丘を登った（◆ *with* を省くと独立分詞構文となる）

　文法書でも調べることはできますが、一般に文法書は、前置詞の総論はありますが、各論はあまり充実していません。in にはどういう用法があって、on にはどういう用法がある、というような各論を充実させようとすると、文法書というよりは辞書に近くなってしまうからです。

　「定冠詞や前置詞を辞書で調べられるのはわかったけれど、関係詞や仮定法が苦手な場合はどうやって調べるの？」と思うかもしれません。が、これも単語から調べればいいのです。関係代名詞が苦手な人は that, which, who, whom, whose などで調べればいいし、仮定法が苦手な人は if や would で調べてみればいいのです。

　言われてみれば当たり前のことでも、習慣や思い込みによって盲点になっていることが意外と多いものです。

まとめ

- 文法項目によっては文法書より詳しい
- 検索が速い
- 携帯しやすいので、いつでもどこでも学習できる
- ヒストリー機能によって自動的に記録されているので、毎日復習しやすい
- 関係代名詞や仮定法などの文法項目も、単語から調べることができる

6 一定期間、文法テーマを決めて、英語を読む
― たとえば「今週は冠詞!」のように文法テーマを決めて、英文中のすべての冠詞をチェックして読んでみる ―

　文法書や問題集で学習しているときは理解できても、実際に英文を読んでいると、学習した文法がどのように使われているのかわからなくなるという人は多いものです。また、文法を注意する余裕がなくなる人も多いです。

　英語の上達には、他の習い事やスポーツの上達と同じように、理論と慣れの両方が必要です。上記のタイプの人は、理論よりも慣れが不足している可能性があります。

　対策はシンプルで、慣れることです。つまり英語にふれる量を増やすことです。基本的には興味のあるものを好きなように読んでいけばよいのですが、より効率的に慣れるためには、一定期間、文法テーマを決めて英文を読んでみるのがお勧めです。

　たとえば、「今月は冠詞に注意しよう」と決めて、新聞、雑誌、本など、普段使っている英文で、すべての冠詞をマーキングし、参考書や辞書のどの用法かチェックしてみるのです。1週間ほど続けてみれば、だんだん冠詞で迷わなくなってきている自分を発見することでしょう。1ヵ月も続ければ、ほとんど迷うことはなくなるでしょう。冠詞

に慣れてきたと感じたら、不定詞や動名詞など、別の文法テーマを設定し一定期間チェックしましょう。

　自分が設定した文法テーマは、いったん慣れてしまうと、あえて意識しなくても無意識にチェックできるようになってきます。慣れるまでは意識的にやっていたことが、慣れてくると、無意識のままほぼ同じ正確さで作業できるようになるのです。冠詞に慣れてしまった後は、チェック項目を不定詞や動名詞に変更して読んでいるときでも、無意識に冠詞をチェックできるようになる、ということです。車の運転で言えば、慣れてくるにつれて、音楽を聴いたり会話をしたりしながら、様々な交通状況の変化に無意識に自動的に対処できるようになるのと似ています。

　文法テーマは、自分が強化したい分野を優先するとよいでしょう。参考までに以降で、文法テーマの設定例を 7 例示しておきます。多くの中上級者が慣れているために、かえって誤解しやすい文法項目です。文法の解説は念のために加えたものなので、簡単な場合は読み飛ばしていただいて構いません。

7 例1 theやaなどの冠詞に注意して読んでみる
― 優先順位の高いものと、それほどでもないものがある ―

　昔、あるリーディングのクラスを見学したことがあります。その日は、インドとパキスタンが核実験をめぐって不和になっているというニュースが扱われていました。その中に、次の言葉がありました。

the Islamic nation

　皆さんは、どう解釈しますか？

　その日のクラスでは、生徒さんが「イスラム諸国」と、また講師も、「イスラム諸国」と訳していました。

　しかし、これは間違いです。

　「イスラム諸国」という日本語は、サウジアラビアかイランかエジプトかわからないけれど、不特定の複数のイスラム教の国を意味します。しかし、英語は、the Islamic nation と the がついて限定されていますし、nation と単数になっています。どこか特定された単数のイスラム教の国を指しているはずです。「そのイスラム教の国」ということですから、この文脈では当然、パキスタンを指します。

「パキスタン」と「イスラム諸国」とでは、意味が大きく異なりますね。

また、私のクラスで、ソマリアの海賊のニュースを題材にしたとき、the African nation という英語が出てきました。多くの生徒さんが「アフリカ諸国」と解釈していましたが、アフリカ諸国であれば African nations となるはずです。the African nation は「そのアフリカの国」ということですから、ここでは当然ソマリアを指します。

このような the をイイカゲンにしてしまうと英語は正しく読めません。とは言っても、この the は基本中の基本で、I saw a boy in the park yesterday. The boy was ... などの the と同じ用法です。以前に話題にのぼっているので限定できる場合に使われる the です。誰でも学習したはずですが、実際に英語を使っているときは、冠詞を気にしなくなる、または気にする余裕がなくなる人が多いのです。よく「英語は同じ言葉の繰り返しを嫌うので、言い換えが多い」と言われますが、冠詞に注意していないと言い換えに気づくのが難しくなります。

実際の英文でやってみましょう。次の英文は、2010年6月4日のVOAニュースです。すべての冠詞にマーキングして、1つ1つ用法をチェックしていきます。不明な冠詞があったら、〈5〉『苦手な文法項目は、文法書だけでなく、電子辞書でも調べる』で紹介したような冠詞の用法一覧を参照して、どれに相当するのか考えるのです。

Calling him the "most successful songwriter in history," U.S. President Barack Obama presented music legend Paul McCartney with the Gershwin Prize for Popular Song.

McCartney was one of the four original members of The Beatles, whose string of record-breaking hits revolutionized pop music in the 1960s.

After their break-up in 1970, McCartney went out on his own, performing with his band Wings and then alone. His numerous hits include such classics as "Yesterday," "Hey Jude," and "Let It Be."

"Tonight it is my distinct pleasure to present America's highest award for popular music on behalf of a grateful nation, grateful that a young Englishman shared his dreams with us. Sir Paul McCartney," said President Obama in a ceremony at the White House.

The Gershwin is named after the renowned song writers George and Ira Gershwin and was given to McCartney in appreciation of his five decades of extraordinary contributions to American music.

"It is such a fantastic evening for me," McCartney said after receiving the prize. "I mean, getting this prize is good enough, but getting it from this president."

During the evening, McCartney sang some of his most famous songs, including his opening act, "Got to Get You into My Life."

The evening also included an all-star cast of performers who sang their own versions of McCartney hits. The performers included Stevie Wonder, Elvis Costello, Faith Hill and the Jonas Brothers.

But the highlight of the evening was clearly the guest of honor, who dedicated one of his classic hits, "Michelle," to the first lady.

At a news conference at the Library of Congress before the White House event, the former Beatle said receiving the Gershwin award is especially meaningful.

― 以下略 ―

たとえば、以下が何を指しているかわからないと、読んでいても面白くないでしょう。

But the highlight of the evening was clearly the guest of honor, who dedicated one of his classic hits, "Michelle," to the first lady.

At a news conference at the Library of Congress before the White House event, the former Beatle said receiving the Gershwin award is especially meaningful.

the guest of honor
the first lady
the former Beatle

もちろん、以下を指しています。

ポール・マッカートニー
ミシェル・オバマ大統領夫人
ポール・マッカートニー

やや簡単だったかもしれませんが、「冠詞を意識しよう」と思えばこそ簡単なのであって、意識しなければ気づかなかった人もいるだろうと思います。

注意点

ここでは、頭でわかっていても実際には見過ごしがちな大切な冠詞を説明しましたが、冠詞は、最低限のことさえ踏まえていれば、あとはイイカゲンにしていても、それほど差し支えがない、という一見矛盾した側面もあります。冠詞はイイカゲンでいい、と言うと言いすぎですが、冠詞よりも優先順位が高い文法項目は他にたくさんあります。

たとえば、不定詞や動名詞を使った句や、関係代名詞や従位接続詞を使った節などはイイカゲンにしておくと、文の理解が大きく損なわれます。対して、冠詞の理解が少しぐらい曖昧でも、英文を理解するのに差し支えないことも多いし、英文を話したり書いたりする際も、ある程度は意味が通じることが多いものです。学校の英語の授業で

も、「冠詞は日本語にないし、意味もそれほど強くないから、"とりあえずは"気にしなくてもいい」とアドバイスされた人も多いと思います。

　"とりあえずは"気にしなくてもいいtheは、たとえば固有名詞に例外的につくthe（例外と言う割には多い）などです。固有名詞には普通Japan, Hanako, Obama, New Yorkのようにtheはつきませんが、the United Statesのようにtheがつくものもあります。

　理想を言えば、アメリカ合衆国くらいは正しくtheをつけたいものですが、実際には、× United Statesのように間違えても通じるはずですから、それほど気にしなくてもいいと思います。

　ただ、逆説的ですが、「この冠詞は差し当たりイイカゲンでもいいかな」と判断できるようになるには、前述のthe Islamic nationのような、大切なtheを一目で判断できるようになる必要があります。それができるようになるために、一定期間、冠詞に注意して読んでみるとよいでしょう。

8 例2 ing に注意して読んでみる
— 単なる癖で「〜こと」「〜している」としないように —

ing の用法は、基本的に以下の4つです。

> 動名詞　「〜すること」
> 進行形　「〜している、〜していた」
> 現在分詞の形容詞用法　「〜する、〜している、〜した」
> 現在分詞の副詞用法（分詞構文）「〜して」

各用法を問題集や文法書では理解できていても、実際の英語では単なる癖で「〜こと」にしたり「〜する」にしてしまう中上級者が多いです。実際の英語でも見分けられるようになるために、一定期間チェックするとよいでしょう。

以下は、2010年6月25日のVOAニュースです。すべてのingにマーキングして、用法と意味を考えます。

> Music fans across the globe on Friday marked the first anniversary of the death of the legendary Michael Jackson.
>
> The so-called King of Pop died suddenly at the age of

50 on June 25, 2009, in Los Angeles. His death was attributed to an overdose of a powerful anesthetic (propofol). The doctor who administered the drug (Conrad Murray) is facing criminal charges (involuntary manslaughter) in connection with Jackson's death.

Also, Jackson's father filed a wrongful death lawsuit Friday, accusing the Nevada doctor of lying to the doctors and paramedics trying to save the singer's life.

At New York's Apollo Theater on Friday, Jackson's music blared from loudspeakers as fans danced in the streets.

His music could also be heard on the streets of Gary, Indiana, Jackson's hometown, where his mother (Katherine) and his children (Prince, Paris and Blanket) unveiled a Michael Jackson monument.

And at the Los Angeles cemetery where Jackson was buried (Forest Lawn) hundreds paid tribute to the dead singer.

In Tokyo, the Japanese capital, 50 devout Jackson fans paid more than $1,000 each to spend a night in the Tokyo Tower with the singer's possessions. The Never-

> land Collection, named for Jackson's California ranch, is the only official Michael Jackson exhibition outside the United States.
>
> Jackson's death came as he was preparing for s series of London concerts as part of a musical comeback. It is estimated that sales of his music and films have generated at least $1 billion in the year since he died.

facing や preparing の進行形で迷う人はいないと思いますが、次の文の、accusing, lying, trying で迷う人は少しはいるのではないでしょうか。

> Also, Jackson's father filed a wrongful death lawsuit Friday, accusing the Nevada doctor of lying to the doctors and paramedics trying to save the singer's life.

accusing は、「非難して」です。前にカンマがあるので分詞構文と判断します。分詞構文は副詞用法ですから、動詞 filed を修飾しています。

lying は、「ウソをついたこと」です。前に前置詞 of がありますから、前置詞の目的語になっている動名詞と判断します。

trying to save the singer's life は、「その歌手の生命を救おうと努

力した」です。前に名詞 the doctors and paramedics があって、それらを修飾していますから、形容詞用法と判断します。

つなげると次のようになります。

「ジャクソンの父も、ジャクソンの生命を救おうと努力した医者たちや準医療従事者たちにウソをついたことで、そのネバダの医師を告訴して、金曜日に不法死亡告訴状を提出した。」

この日本語は、一瞬、ウソをついたのがネバダの医師でなくジャクソンの父のように読めなくもないですが、自分でわかっていれば問題ありません。英語の文の構造と意味をつかむことが目的なので、日本語が稚拙でも問題ありません。もちろん普通の日本語であれば、次のようになるでしょう。

「ジャクソンの生命を救おうと努力した医者や準医療従事者にウソをついたとして、そのネバダの医師に対して、ジャクソンの父も、金曜日に不法死亡訴訟を起こした。」

ing を何でも「〜すること」と動名詞にしてしまう人は、trying 以下を「その歌手の生命を救おうと努力すること」としてしまいます。ここの意味だけ考えれば可能かもしれませんが、文の構造を考えると不可能です。動名詞は、名詞の働きをしている ing のことですから、ing 以下が、主語、動詞の目的語、前置詞の目的語、補語のいずれかになるはずなのが、いずれにもなっていないからです。

ing を何でも「〜して」と分詞構文にする癖のある人は、trying

を「その歌手の生命を救おうとして」としてしまいます。そうすると、lying を修飾して「その歌手の生命を救おうとして医者たちや準医療従事者たちにウソをついたことで、…」となってしまい、意味が変です。そもそも、そのように意味が変だと判断する以前に、仮に trying 以下が lying を修飾しているのであれば、the doctors and paramedics に the がついている理由が説明できません。正解のように、つまり trying が the doctors and paramedics を修飾することで限定していると考えれば、the の説明がつきます。

*

〈6〉『一定期間、文法テーマを決めて、英語を読む』の項で、「冠詞に慣れてしまった後は、チェック項目を不定詞や動名詞に変更して読んでいるときでも、無意識に冠詞をチェックできるようになる」と書きました。この項では ing を意識的にチェックしていましたが、冠詞も無意識にチェックできるようになります。次の冠詞も、チェックできていると思います。

a wrongful death lawsuit は、a がついているので、初めて出てきた話題です。前に出ている criminal charges とは別です。the Nevada doctor は、前に出ている Conrad Murray を指します。the doctors and paramedics は、前述のとおり、trying 以下によって限定されているので the がついています。もちろん、Conrad Murray とは別です。the singer's life は「マイケル・ジャクソンの生命」です。

9 | 例3 過去分詞に注意して読んでみる
― 形容詞用法や副詞用法が難しい場合もある ―

次の2つはどういう意味でしょうか？

a man given something
something given man

自覚がないまま過去分詞を曖昧にしている人は多いです。第3文型の受け身は簡単ですが、第4文型や第5文型の受け身になるとやや難しくなります。形容詞用法や副詞用法になると、さらに難しくなります。理解できているつもりで曖昧な人も意外と多いので、念のため、簡単に説明しておきます。例文と訳は原理的なものです。

第3文型の受け身は簡単です。

The man loves the woman.
→ The woman is loved by the man.

形容詞用法も簡単です。be動詞とピリオドを取り除くだけです。

the woman loved by the man
（その男性に愛されている女性）

副詞用法も簡単です。

Loved by the man, the woman is happy.
(その男性に愛されて、その女性は幸せです。)

第4文型の受け身も本来は簡単です。
目的語が2つありますから、受け身は原則として2つ作れます。

The man gave the woman the cat.
→ The woman was given the cat by the man.
→ The cat was given the woman by the man.

形容詞用法も本来は簡単です。be動詞とピリオドを取り除くだけです。

the woman given the cat by the man
(その男性によってネコが与えられた女性)

the cat given the woman by the man
(その男性によって女性に与えられたネコ)

副詞用法も簡単です。

Given the cat by the man, the woman was happy.
(その男性によってネコが与えられて、その女性は幸せでした。)

Given the woman by the man, the cat was happy.
(その男性によって女性に与えられて、そのネコは幸せでした。)

大事なことは、第4文型は、前置詞のforやtoを加えずに、2つの受け身が作れるということです。動詞によって、受け身が1つしか許容されなかったり、前置詞のforやtoがつく傾向があったりしますが、それは語法レベルの話です。文法レベルの大きな枠組みでは、前置詞を加えることなく、2つの受け身を作れます。ところが学習者の中には、前置詞のforやtoを入れないと気が済まなかったり、受け身を1つしか作れなかったりと、癖がついていることが多いのです。そのような癖がついてしまうと、冒頭のa man given something（何かが与えられた男）や、something given man（人間に与えられた何か）などの表現が正しく理解できなくなります。

第5文型の受け身も本来は簡単です。

The man called the cat Tama.
→ The cat was called Tama by the man.

The man made the cat happy.
→ The cat was made happy by the man.

形容詞用法も本来は簡単です。上記からbe動詞とピリオドを取り除くだけです。

the cat called Tama by the man
（その男性によってタマと呼ばれるネコ）

the cat made happy by the man
（その男性によって幸せにされたネコ）

副詞用法も本来は簡単です。

Called Tama by the man, the cat was happy.
（その男性によってタマと呼ばれて、そのネコは幸せだった。）

Made happy by the man, the cat lived with him.
（その男性によって幸せにされて、そのネコは彼と一緒に住んだ。）

＊

上記のような基本がおろそかになっていると、第3文型の過去分詞の形容詞用法で、「その男性によって愛されている女性」を英語で言おうとして、× the woman loved the man というように前置詞の by を抜かしてしまうことがあります。「名詞、第3文型の過去分詞、名詞」と並べてしまうミスは中上級者にも多いものです。

基本がしっかりすれば、応用力もついていきます。たとえば、a war torn country や the US led war といった、「名詞、第3文型の過去分詞、名詞」という並びの、本来は好ましくない、しかし現実に使われている表現も容易に理解できるようになります。本来はハイフンが入って、a war-torn country（戦争によって引き裂かれた国）や the US‐led war（米国によって率いられた戦争＝米国主導の戦争）が正しいのですが、ハイフンが入っていない表現も現実の英語ではよく見られます。

10 例4 従位節に注意して読んでみる
― 節がわからないと英語がわからない ―

　次は、2010年7月14日のVOAニュースの冒頭です。中上級者であれば簡単だとは思いますが、念のため読んでみてください。

> Researchers at Boston University have identified a kind of genetic signature in people who are likely to live to age 100 or older. The technique may also help doctors predict whether you're likely to get a disease, decades before the symptoms show up.

　decades beforeのような使い方が苦手で、whether以下を間違えて「症状が現れる前の何十年も病気にかかるかどうかを」と訳してしまう人は意外と多いものです。

　次のような文が基本です。

I went out an hour before the sun rose.

×太陽が昇る前に1時間、外出した。
○太陽が昇る1時間前に外出した。

decades before the symptoms show up は「症状が現れる何十年も前に」が正しいです。disease や get ではなく、predict を修飾しています。「病気にかかりそうかどうかを、その症状が現れる何十年も前に予測する」ということです。

節は正しく理解しておかないと、意味を大きく勘違いしてしまいます。優先的にチェックしましょう。

*

節は大きく、等位節と従位節に分けられます。従位節のほうが複雑でわかりにくいことが多いので、従位節を優先してチェックしましょう。従位節が始まっているところ（多くの場合、従位接続詞や関係詞や疑問詞などがあります）をマーキングして、意味と用法を考えていくのです。従位接続詞や関係詞が省略されている場合は、何が省略されているのかも考えます。省略は、それに気づかないと英語が読めないので大切です。

以下は前述のニュースの続きですが、たとえば次のようにマーキングしてチェックしていくわけです。

> Living a long, healthy life tends to run in families. If your grandparents and parents lived into their 90s and remained relatively healthy until the end, there's a pretty good chance you will, too.
> So it's pretty clear genetics plays some role in longevity.

In this study, the research team developed a new statistical way of analyzing the genetic code of people who had reached age 100 as compared with people who had a more typical lifespan. Tom Perls, who heads the New England Centenarian Study, explains what they found.

"We discovered 150 or so genetic markers that can highly predict whether or not a person has the genetic propensity to live to extreme old age."

Using just that large number of genetic markers, the team was able to predict in almost four out of five cases whether a person would live to be 100.

Perls says the key to successfully predicting long life was the sophisticated statistical analysis of many different gene variations that each played some role.

"And that's what this method does – it captures the complexity of the puzzle and the interaction of all these genes together to produce exceptional longevity."

Perls and his colleagues publish their study in the on-line edition of the journal Science.

The Boston University researcher says this kind of analysis could play a role, not just in predicting who will live longest, but in actually helping people live longer and healthier lives.

In an interview via Skype, Tom Perls said the same technique used to predict long life may also be used to predict whether a person might eventually develop certain diseases. He gave the example of Alzheimer's Disease as one in which genetics plays a role.

"And we think that this methodology can very much be used to capture the bunch of genes that are playing an important role in one's susceptibility to that disease," he said. "And the same can be true, perhaps, for looking at adult-onset diabetes, or cardiovascular disease, or stroke. Again, where I think there is at least a moderate impact from genetic variation."

As the cost of the needed genetic tests continues to decline, he predicts doctors will be able to screen patients for diseases they may not develop until later in life, and recommend ways to avoid them.

　前半に関係詞の who が3つ出てきます。who 以下は、前の名詞を修飾している形容詞節です。最初の2つにはカンマがなく、3つめにはカンマがあります。カンマがないのが限定用法で、カンマがあるのが非限定用法です。限定用法と非限定用法の違いがあやふやな中上級者は多いですが、難しくてわからないのではなく、読むときに意識していないために身につかないでいるだけです。マーキングして意識して読んでいけば、1週間もしないうちに簡単に身につきます。たとえば、固有名詞の後に関係詞を使うときはカンマを入れるのが原則、つまり非限定用法が原則ということも、すぐに身につきます。

（念のための確認：関係代名詞という名前に引きずられて、関係代名詞に導かれた節を名詞節と勘違いする人が非常に多いです。関係代名詞に導かれた節は、前の名詞を修飾します。形容詞として働いていますから、形容詞節と言います。a book which I bought は、which 以下が a book という名詞を修飾しているので形容詞節ということです。）

　さらに後ろのほうには、in predicting who will live longest と、4つめの who が出てきます。これは関係詞ではなく疑問詞です。関係詞と疑問詞の見分け方は簡単です。関係詞は直前に修飾される名詞があります。疑問詞は、直前に修飾される名詞がありません。ここでは who の直前に修飾される名詞がないので、疑問詞です。who 以下は、動詞 predicting の目的語として働いている名詞節です。「誰が最も長生きするか」ということです。in predicting who will live longest で「誰が最も長生きするかを予測することにおいて」となります（細かく言えば、先行詞を含む関係代名詞の what や、先行詞の省略された関係副詞の場合は、関係詞であっても直前に修飾される名詞がありません。そのような細かいことも、一定期間チェックしながら身につけてしまいましょう）。

*

　1つの文は、複数の節から構成されているのが大半です。節の理解が不十分だと、大半の英語が理解不十分ということになってしまいます。これまでにも述べましたが、中上級者の場合は、文法書を読んだときは理解していることがほとんどです。足りないのは慣れですから、一定期間チェックして節に慣れてください。

11 例5 等位接続詞に注意して読んでみる
― 意味が簡単だからと安心しない ―

　and, or, but などの等位接続詞は、誰でも知っています。「知っている単語だ！」と安心して、そのまま読み流してしまうことが多いのですが、何と何をつないでいるのか確認する習慣をつけましょう。

　以下は、2010年7月13日のVOAニュースです。

> A new study concludes that older adults who are deficient in vitamin D are more likely to experience serious declines in their ability to think and plan.
>
> Low levels of vitamin D have been associated with bone fractures, pain, and chronic diseases such as cancer, heart disease, diabetes and multiple sclerosis.
>
> Researchers have found a link between deficiencies of the so-called "sunshine" vitamin and cognitive decline in older adults. One of the most common causes of vitamin D deficiency is a lack of exposure to sunlight, a particular concern for less physically-active seniors who are likely to spend fewer hours outdoors.

In tests conducted on more than 850 Italian adults ages 65 and older, scientists at Peninsula Medical School in England found that those with the lowest levels of vitamin D were 60 percent more likely to suffer a cognitive decline. "About a billion people worldwide do not have high enough levels of vitamin D. And obviously dementia itself is so common too that if there is any association between vitamin D levels and dementia it is something we should be concerned about," said Researcher David Llewellyn, a specialist in dementia, who led the study:

Llewellyn and colleagues followed the study participants for over six years, beginning in 1998, when investigators administered initial tests measuring the adults' attention span, ability to learn, to remember, and to plan and organize tasks.

最後に and が2つ出てきます。前の and は、3つの to 不定詞をつないでいます。後ろの and は、plan と organize をつないでいます。この程度だと難しくありませんが、逆に、この程度は慣れておかないと複雑な英文に対処できなくなります。以下は続きです。

While the researchers observed steep declines in most of these cognitive skills among adults with the lowest levels of vitamin D, attention span was the one exception,

> with test results showing no significant impact from the low vitamin levels.
>
> Llewellyn says the discovery of a strong connection between dementia and inadequate levels of vitamin D is, in a way, good news. "Because we can treat vitamin D deficiency quite easily with supplements, which have already shown to be cheap but cost effective and safe. And we know they reduce the risk of falls and fractures and even early death. So, we are quite excited about it because it opens up the possibility that if we do clinical trials we may be able to reduce the incidence of new cases of dementia," he said.
>
> ―以下略―

to be cheap but cost effective and safe も、一目でわかる人と、つかえる人に分かれます。cost が動詞に感じられてしまうと、つかえてしまいます。cost-effective で費用効果が高いという形容詞です。「安価だけれど費用効果が高くて安全」ということです。

次は、2010 年 7 月 23 日の VOA ニュースの冒頭です。

> Dr. Richard Kao is part of the team that discovered a chemical compound called nucleozin that clumps together nucleoproteins from the flu virus, so they cannot

get into a healthy cell's nucleus.

　Researchers in Hong Kong have discovered a new way to stop influenza viruses from replicating. Doctors hope it will keep them one step ahead of mutating viruses that kill thousands every year.

　When H1N1, or swine flu, hit Thailand last year, the government at first restricted the use of antiviral drugs, worried that indiscriminate use would help the virus build drug resistance.

－以下略－

H1N1, or swine flu は、どういう意味でしょうか？

　簡単に正解できた人が多いと思いますが、違和感を感じつつ「H1N1 または豚インフルエンザ」と間違えてしまった人もいると思います。しかし、違和感を感じたのであれば、辞書や参考書で調べる必要があります。そうすれば、or には、「すなわち、言い換えると」という意味があることがわかります。固有名詞や専門用語や外来語など、日常的でない言葉を使うとき、同じ意味の名詞を補足的に続けるときに使われます。高校文法で学ぶ初歩的な用法のはずですが、実際の英文で出合うと気づかない人が多いです。

H1N1, or swine flu は、「H1N1 すなわち豚インフルエンザ」です。

次も同じような例です。51ページで紹介したイエローストーン国立公園についての文章です。

> The vast natural forest of Yellowstone National Park covers nearly 9,000 km^2; 96% of the park lies in Wyoming, 3% in Montana and 1% in Idaho. Yellowstone contains half of all the world's known geothermal features, with more than 10,000 examples. It also has the world's largest concentration of geysers (more than 300 geysers, or two thirds of all those on the planet). Established in 1872, Yellowstone is equally known for its wildlife, such as grizzly bears, wolves, bison and wapitis.

more than 300 geysers, or two thirds of all those on the planet は、「300を超える間欠泉または地球上のすべての間欠泉の3分の2」では意味が通じませんから、「300を超える間欠泉、言い換えると地球上のすべての間欠泉の3分の2」です。

次は、コナン・ドイルによる、名探偵シャーロック・ホームズが登場する作品『The Adventure of the Second Stain』の最初の段階です。1行目の"The Adventure of the Abbey Grange"というのは、これに1つ先立つ作品です。

I had intended "The Adventure of the Abbey Grange" to be the last of those exploits of my friend, Mr. Sherlock Holmes, which I should ever communicate to the public. This resolution of mine was not due to any lack of material, since I have notes of many hundreds of cases to which I have never alluded, nor was it caused by any waning interest on the part of my readers in the singular personality and unique methods of this remarkable man. The real reason lay in the reluctance which Mr. Holmes has shown to the continued publication of his experiences. So long as he was in actual professional practice the records of his successes were of some practical value to him, but since he has definitely retired from London and betaken himself to study and bee-farming on the Sussex Downs, notoriety has become hateful to him, and he has peremptorily requested that his wishes in this matter should be strictly observed. It was only upon my representing to him that I had given a promise that "The Adventure of the Second Stain" should be published when the times were ripe, and pointing out to him that it is only appropriate that this long series of episodes should culminate in the most important international case which he has ever been called upon to handle, that I at last succeeded in obtaining his consent that a carefully guarded account of the incident should at last be laid before the public. If in telling the story I seem to be

> somewhat vague in certain details, the public will readily understand that there is an excellent reason for my reticence.

　最初の and が出てくる、the singular personality and unique methods of this remarkable man の and はもちろん、singular personality と unique methods を接続しています。この2つの句を後ろから of this remarkable man が修飾しています。それによって限定されるので the singular personality and unique methods と the がついています。「この非凡な男（ホームズのこと）の風変わりな人柄と独特な方法」ということです。あまり注意しないで the singular personality と unique methods of this remarkable man を接続していると考えてしまうと、singular personality に the がついている理由が不明になりますし、意味も「風変わりな人柄と、この非凡な男の独特な方法」となってしまい、おかしくなります。

　3つめの and は、もちろん、study と bee-farming を接続しています。この study は名詞です。

　5つめの and は、representing から ripe までと、pointing から handle までとを接続しています。このように文が長くなると、注意していないと何と何を接続しているのか見失う可能性が高くなってきます。

　以下は続きです。

> It was, then, in a year, and even in a decade, that shall be nameless, that upon one Tuesday morning in autumn we found two visitors of European fame within the walls of our humble room in Baker Street. The one, austere, high-nosed, eagle-eyed, and dominant, was none other than the illustrious Lord Bellinger, twice Premier of Britain. The other, dark, clear-cut, and elegant, hardly yet of middle age, and endowed with every beauty of body and of mind, was the Right Honourable Trelawney Hope, Secretary for European Affairs, and the most rising statesman in the country.

最後の文の The other, dark, clear-cut, and elegant, hardly yet of middle age, and endowed with every beauty of body and of mind, was the Right Honourable Trelawney Hope, Secretary for European Affairs, and the most rising statesman in the country. は1つの文の中に4つも and がありますので、やはり注意していないと何と何を接続しているのか見失う可能性が高くなります。

最初の and は、dark と clear-cut と elegant の各形容詞を接続していて、The other を説明しています。other と dark と clear-cut と elegant というふうに接続しているのではありません。other は、ここでは代名詞です。

2つめの and は、dark, clear-cut, and elegant と、hardly yet of middle age と、endowed with every beauty of body and of mind

を接続しています。

　3 つめの and は、of body と of mind を接続しています。

　4 つめの and は、Secretary for European Affairs と the most rising statesman in the country を接続しています。この 2 つの句が、the Right Honourable Trelawney Hope の同格となっています。1 人の人物を描写しているのですが、注意していないと、複数の人物の描写と勘違いしかねません。

12 例6 that に注意して読んでみる
— 用法が多いので、要注意 —

that は、問題集や文法書で項目ごとに学習しているときは簡単です。たとえば関係代名詞の章で that を学習しているときは、「これは関係代名詞の that なんだ」ということが明白なので、迷う必要がありません。しかし、that には次のように様々な用法があるため、実際に英語を読んでいると、どの that なのか迷うことがあります。

形容詞
I read that book.

代名詞
I read that.

関係代名詞
I read a book that Soseki wrote.

名詞節を導く従位接続詞（主語、動詞の目的語、前置詞の目的語、補語などの場合）
I know that the Earth moves.

名詞節を導く従位接続詞（同格の場合）
I know the fact that the Earth moves.

副詞節を導く従位接続詞
He is so kind that everyone likes him.

強調構文の that
It is Tom that broke the window.

そこで、一定期間、that をチェックしてみるのがよいトレーニングになります。以下は 2010 年 7 月 9 日の VOA ニュースです。

Skywatchers in the Southern Hemisphere can expect a total solar eclipse this Sunday, July 11.

Holly Gilbert, an astrophysicist at NASA, explains the science behind the spectacle of the sun's disappearance.

"So during a total solar eclipse, the Moon comes between the Sun and the Earth, and it casts a shadow on the Earth. And for those people that happen to be in that small area where the shadow is, they're going to experience what we call a total solar eclipse," Gilbert says. "The moon just happens to be at the exact perfect distance away from the Earth that it completely blocks out just the disc of the sun."

－以下略－

---

that が 3 つ出てきます。最初は、people を修飾する関係代名詞、2 つめは、small area を修飾する形容詞、3 つめは、副詞節を導く従位接続詞です。

中上級者の皆さんには、ここまでは容易だったと思いますので、やや手応えのある文章でもチェックしてみましょう。先ほど引用したシャーロック・ホームズの文です。

> It was only upon my representing to him that I had given a promise that "The Adventure of the Second Stain" should be published when the times were ripe, and pointing out to him that it is only appropriate that this long series of episodes should culminate in the most important international case which he has ever been called upon to handle, that I at last succeeded in obtaining his consent that a carefully guarded account of the incident should at last be laid before the public.

1つめは、名詞節を導く従位接続詞で、representing の目的語になっています。I had given から times were ripe までを名詞節にまとめています。2つめは、名詞節を導く従位接続詞で、"The Adventure から times were ripe までが promise と同格になっています。3つめは、名詞節を導く従位接続詞で、pointing out の目的語になっています。it is only から to handle までを名詞節にまとめています。4つめは、名詞節を導く従位接続詞で、this long から to handle までが it is only appropriate の it の真主語になっています。5つめは、強調構文の that です。冒頭の It was 以降から、この that までが強調されています。6つめは、名詞節を導く従位接続詞で、a carefully guarded account から before the public までが consent と同格になっています。

13 例7 数字に注意して読んでみる
― 数字の前の前置詞に特に注意 ―

　数字も慣れが必要なので、一定期間マーキングして意味を確認することをお勧めします。

　以下は、2010年7月14日のVOAニュースです。数字すべてにマーキングしていきます。直前の前置詞や直後の名詞ごとマーキングするのがよいです。percentのように、複数形にならない名詞に慣れることができます。

　Wild tigers have been offered a lifeline by countries where they still roam. The countries have agreed to work together to double the tiger population within 12 years. Officials from 13 countries gathered in Bali agreed to increase law enforcement to protect the tigers and preserve their habitats across Asia.

　A Sumatran tiger roars in protest at his captors from the Indonesian forestry department. The animal had rampaged through villages and palm oil plantations in search of food, killing four farmers. After months in captivity, the cat was released into a Sumatran national park.

In an ongoing battle for territory between humans and wild tigers, tigers are the biggest losers. Rapidly shrinking habitats and poaching are decimating their populations.

The World Wildlife Fund estimates the number of wild tigers has declined by 40 percent in the past decade, to about 3,200 animals with only 1,000 actively breeding females.

has declined by 40 percent は、40パーセントに減ったのでしょうか、40パーセント減ったのでしょうか。

by Friday が「金曜日までに」になるのと同じ発想で、by 40 percent を「40パーセントまでに」と解釈してしまう人がいます。100頭いたら40頭にまで減ったという解釈ですが、これは間違いです。by には、Taro is older than Jiro by three years. のように差を表す用法があります。ここでも差を表していて、正しくは、40パーセント分減ったということです。100頭いたら40頭減って60頭になったと解釈しないといけません。

In an effort to arrest this slide into extinction, leaders from 13 tiger nations gathered this week in Bali to draft a declaration on conservation, as part of the Global Tiger Recovery Program. The program is led by the World Bank and a coalition of international non-profit organizations. The centerpiece of the nations' commitment is an ambitious plan to double the number of wild tigers by 2022.

Underscoring the immensity of this challenge, several countries said the goal is unrealistic.

Indian delegation leader S. P. Yadav says his country will focus on stabilizing tiger numbers in existing conservation areas.

"We are the largest, tiger-range country," said S. P. Yadav. "We have around 1,500 tigers in the wild; so almost 50 percent of tigers are in India. We have identified 39 tiger reserves, covering an area of around 32,000 square kilometers. Within this number of tigers and the area, we are facing the problem of tiger-man conflict, and in some areas, it is a very serious issue. So there is very little scope in further enhancing the area to accommodate more tigers in our country."

The Wildlife Conservation Societies' vice president for conservation and science, John Robinson, says is it possible to double the number of tigers as planned.

"Within protected areas we could increase overall tiger

> numbers probably by 50 to 60 percent, and the tigers within those protected areas would still not reach the carrying capacity of that habitat," said John Robinson. "And that gives an ability to bring these numbers back rather dramatically. Across broader tiger landscapes, if protection was put into place, if we could control the illegal hunting, we could bring back very significant tiger numbers."
>
> －以下略－

increase ... by 50 to 60 percent も、もう簡単ですね。50～60 パーセント分増やすということです。100頭いたら150～160頭に増やすということです。to に引きずられて「50～60 パーセントに増やす」ではありません。それだと減少になってしまいます。

次は、2010年8月3日のVOAニュースです。

> A Chinese man pretends to hold up the new Chevrolet Sail car model from GM during the Beijing Auto China 2010 show held in Beijing, China, 24 Apr 2010.
>
> Two of the biggest U.S. automakers say their sales are up in the United States and China.
>
> General Motors said Tuesday U.S. sales rose 5.4 percent in July compared to a year ago.

「5.4パーセントに」ではなく「5.4パーセント分」上昇したのです。直前に前置詞がないときは、たいてい差を表します。同じ用法が以下の続きのニュースにたくさんありますので、確認してください。

GM said sales of its core four brands – Chevrolet, Buick, GMC and Cadillac – were especially strong, increasing 25 percent. Sales of GM's other brands, which are being sold or closed, fell drastically.

Ford said Tuesday its total July sales rose 3.1 percent over last year, led by strong demand for its pick-up trucks.

Earlier, GM and Ford said sales of their Chinese brands were strong but slowing.

GM said Chinese sales grew 22 percent in July compared to the same time last year, slower than the 45 percent growth rate for the first seven months of the year.

Ford said its total China auto sales grew 8 percent in July, compared to 38 percent for the first seven months of 2010.

Ford said the company was seeing a more traditional sales pattern compared to what it described as "blistering hot" sales in 2009.

China last year became the world's biggest auto market, with 13.6 million vehicles sold compared to 10.4 million in the United States. China's Automotive Technology and Research Center said Monday that it expects auto sales to slow in August.

General Motors says it has sold more cars in China than it has in the United States this year.

That is a first for GM, which remains the biggest U.S. auto maker despite a painful bankruptcy reorganization last year. It reported selling 1.21 million vehicles in China during the first six months of this year, compared to 1.07 million sold in the United States.

14 気分転換に、文法の軽い読み物を何冊も読んでみる

― 「否定なら任せなさい!」 というような得意分野をもとう ―

たまには息抜きに軽いものを読んでみましょう。次の文は、くろしお出版の『謎解きの英文法　否定』の「はしがき」からの一部引用です。

> 「私には兄弟が<u>いない</u>」という日本語は、英語では I *don't* have any brothers. のように don't を用いても、あるいは I have *no* brothers. のように no を用いても言えます。ただ、これら2つの英語の文は、どちらも同じ意味ですから、否定を表す don't と no を2つ重ねて ×I *don't* have *no* brothers. とは言えません。しかし、次のような文は、否定の要素が2つあるにもかかわらず、まったく自然なものです。
>
> (1) a.　*No* news is *not* good news.
> 　　b.　*No* shoes is *not* allowed.
>
> これらの文はどのような意味でしょうか。これらの適格な文と ×I *don't* have *no* brothers. のような不適格な文は、どこが違っているのでしょうか。
> 　さらに次のような文にも、否定の要素が2つありますが、これらもまったく自然なものです。

> (2) a. You *mustn't not* vote.
>   b. *No* one has *no* friends.
>
> (2a, b)はどのような意味でしょうか。どうしてこれらの文は、× I *don't* have *no* brothers. と違って、正しい文なのでしょうか。

いかがでしょう。興味をそそられませんか？『謎解きの英文法　否定』は、通読することを想定した文法の読み物です。

一般の文法書は、通読することは想定されていません。したがって「わかりやすいように」という配慮はあっても、「通読しやすいように」といった配慮はありません。ですから、「文法書を読破しよう！」と決心しても、途中で挫折する人が多いのです。

対して、『謎解きの英文法　否定』は、通読しやすいように配慮されています。最初に文法の謎が示された後、その謎を解き明かす説明が続きます。推理小説のように関心をもって読み進めることができます。

『謎解きの英文法』はシリーズになっていて、『否定』の他に、『冠詞と名詞』『文の意味』『単数か複数か』が出版されています。どれもよい本なので、通読してしまうことをお勧めします。1冊平均200ページくらいなので、すぐに読み終えることができます。

他には、次の本がお勧めです。

『日本人の英語』『続・日本人の英語』『心にとどく英語』
マーク・ピーターセン 著（岩波書店）

『英文法の疑問　恥ずかしくてずっと聞けなかったこと』
大津由紀雄 著（NHK出版）

『英文法がわからない!?』中川信雄 著（研究社）

　このような読み物ふうの本を何冊か読んでみると、様々なよい影響を受けることができます。たとえば、今までモヤモヤしていた文法項目がスッキリと理解できたり、今までとは違った視点から文法を見ることができたり、「否定なら任せなさい！」というように得意な文法項目ができたり、「文法の本って楽しい！」と思えたりします。

　このような本は、図書館の英語のコーナーにもたくさんあります。どんどん借りて読み進めるとよいでしょう。

注意点

　つまらなかったり難しかったりした場合は、途中でやめて構いません。よいと思えた本だけ読むのが時間の有効な使い方です。読み物ふうの文法の本の中には、イイカゲンなものも散見されます。まずは、上記で紹介した良書に接してください。よいものに接していれば、イイカゲンなものは見抜けるようになります。

　このような本は、メインの文法書にするのではなく、あくまで副読本として活用しましょう。文法書は読まずに、読み物ふうの本だけ何冊も通読している人がいますが、そういう人の文法知識は、本人は気づ

かぬままバランスを欠いたものになっていることが多々あります。文法書では当たり前のように扱われている事柄を、文法書を読んでいないために知らずにいて、「こんな大切なことを学校文法では教えてくれなかった！」と勘違いして学校文法を軽視したり、やや例外的な事項を「学校文法では扱われない生きた英文法がここにある！」と思い込んでしまうことがあるのです。読み物ふうの文法の本はページ数が少ないため、文法項目を幅広く網羅するというよりは、限られたテーマが著者の関心に沿って書かれています。副読本として優れているのです。

　上記を踏まえたうえで、何冊も読んでみれば、文法学習が今までよりも、ずっと興味深いものになります。

4章 スピーキング

1部 ▶ スピーキング練習の概要

1 原則として、スピーキングとリスニングを同時にトレーニングする

— 発展トレーニングとして、リスニングを伴わないスピーキングのトレーニングをする —

　学習計画を立てるとき、スピーキング、リスニング、リーディングなど、個別に訓練しようとする人はいませんか？ そのせいで学習計画が複雑になりすぎたり、教材が増えすぎたりしていませんか？

　英語の各技能は、ある程度は独立しているので、個別のトレーニングが必要な部分もあります。しかし、相互に関連している部分もあるので、すべてを独立して行う必要はありません。同時にトレーニングできる場合は、同時にしたほうが効率的です。

　たとえば、スピーキングの練習について考えてみましょう。

　スピーキングの練習は、音読であれリピーティングであれ口頭英作文であれ、要は英語を口に出す、ということになります。このとき、モデルとなる音源を聴いて真似して口に出すことができれば、そのほうがよいのは言うまでもありません。

　英語を聴いて真似して口に出すということは、リスニングの練習でも行います。リスニングは聴いているだけでもトレーニングになりますが、自分で口に出して発音できるようになったほうがさらに上達が

早いからです。

　ですから、「これはリスニングの練習」「あれはスピーキングの練習」と分ける必要はないわけです。英語を聴いて真似をすれば、リスニングとスピーキングの両方の練習になっているのです。共通したトレーニングになりますから、同時にトレーニングしたほうが効率的です。トレーニングの具体的な進め方については、初心者向けの基本は前著で説明してあります。

　本書ではさらに発展編として、スピーキングにより重点を置いた練習法を紹介します。リスニングと同時には行わない、口頭英作文と音読がメインとなります。

　口頭英作文というのは、その名のとおり、紙ではなく口頭で、日本語から英語へ作文するトレーニングです。昔からある伝統的なトレーニングで、短文暗唱や例文暗記といった言葉でも呼ばれていました。ただ、結果的に暗記してしまうことはあっても、暗記そのものが目的ではないので、本書では、口頭英作文という言葉を使っています。

　口頭英作文は、日本語を読む必要があるため、英語を口にする量は音読より少なくなります。その代わり、英語を自分で正しい形にして正しい語順で並べるという点での負荷が、音読より高くなります。

　音読は、日本語を読む必要がありませんから、英語を口にする量が口頭英作文より多くなります。すでにでき上がっている英文を読むことになるため、英語を自分で正しい形にして正しい語順で並べるという点での負荷は、低くなります。この負荷を音読で高めたい場合は、

4章 スピーキング

▼1部・スピーキング練習の概要

長い文章を暗記してみるのも1つの方策です。〈3部5〉『音読を繰り返した後は、積極的に暗記してみる』も参照してください。

　口頭英作文については、「英語を話すときは英語で考えるので、日本語から英語へ変換する口頭英作文は不適切ではないか？」と思う人もいるようです。しかし、日本語を使わずに英語で無理なく考えることができるようになるための、上達に向けての訓練の一過程として、日本語から英語への変換練習をするわけです。あまり理想にとらわれず、現実的にトレーニングを進めましょう。

　口頭英作文と音読とで、「どちらが効率的なんだろう？」と迷う人も多いようです。しかし、どちらも効率的なのです。やってみれば、どちらのトレーニングでも、頭の英語回路が活性化するのが感じられるはずです。そして負荷のかかり方が両者で異なることも感じられると思います。両方やったほうがバランスがいいと私は考えています。

1 【テキストの選び方①】英会話の例文集
― 疑問文の多いテキストを使おう ―

　口頭英作文は、例文が短いテキストを使うと、スムーズに進みやすくなります。この点で、英会話の例文集がお勧めです。

　英会話の例文集は、書店に行くとたくさんあります。あえて一言でまとめれば、「こういうときはこういう表現がある」という構成になっていることです。選ぶときのポイントは、「こういうとき」というのが、自分にあり得そうなテキストを選ぶことです。

　たとえば、近いうちに海外へ観光に出かける予定のある人は、空港での表現や、ホテルでの泊まり方や、タクシーの呼び方などの表現を集めた例文集を使うと、楽しく学習できるでしょう。仕事その他で英語を話す環境にある人は、その環境に合ったものを選べばいいでしょう。探せば「ホテル業の英会話」や「金融業のための英会話」のような表現集が出版されているはずです。

　もし現在、英語を使う環境になくて、自分の関心と一致するような英会話の表現集が見つからない人は、無理して探すこともないでしょう。私自身、英語を話す環境になかったため、このような表現集はそれほど使っていません。

　その代わり、分野は何でもいいですから、疑問文が多く掲載されて

いるテキストを何冊かトレーニングすることをお勧めします。音読や口頭英作文のテキストで使われている英文は、大半が平叙文なので、特に意識しない限り、疑問文を口にする回数が不足する傾向にあるからです。

　私が使ったことのあるテキストでは、『英会話・つなぎの一言』浦島久／クライド・ダブンポート共著（講談社インターナショナル）があります。名前、健康、旅行などの99のテーマがあり、各テーマごとに約18個の質問が収録されています。次のような具合です。

　　名前は何ですか。　What's your name?
　　名前を聞いてもいいですか。　May I ask your name?
　　名前を教えていただけますか。　Could you tell me your name?

　この本は現在は絶版になっていますが、同著者による同じようなコンセプトの本が、『相手にどんどん質問する英会話』（研究社）として出版されています。この本に限らず、疑問文が多く掲載されているテキストであれば、どんどん利用してみてください。

2 【テキストの選び方②】高校の例文集
― 例文が直訳調で短いものから始めよう ―

　英会話の例文集を何冊か終えたら、高校の例文集に進みましょう。高校の例文集のメリットは、重要な英語の例文を網羅的に身につけられることです。

　重要な例文の数は、約 500 〜 1200 文あたりの範囲に収まります。定評のある例文集は、例文の数がおおよそこの範囲に収まるからです。昔からの代表的な例文集である『基本英文 700 選』(駿台文庫) にしても、現在人気のある『Forest 6th edition 音でトレーニング』(桐原書店) にしても、例文の数は、この範囲に収まります。これくらいの重要な例文を身につけておけば、あとは語彙があれば、自分の言いたいことを自由に表現するための基本が固まります。

　注意点としては、このトレーニングは、例文の骨格を使えるようになるのが目的だということです。受験英語は表現が不自然だとか古いとか心配する人がいますが、そういう心配は不要です。たとえば、次の文は『新・基本英文 700 選』の最初の例文ですが、

My house is only five minutes' walk from the station.

似たような例文は、次のように実際に使われています。不自然でもなんでもありません。

The hotel is a short walk from the sea.
『Oxford Dictionary of ENGLISH』

It's a ten-minute bus ride from here to town.
『Oxford ADVANCED LEARNER'S Dictionary』

The church is only a short subway ride from Wall Street.
『新編英和活用大辞典』（研究社）

　高校の例文集を使うのは、このような似た例文を自分で作れるようになるのが目的です。

　私が使ったことのあるテキストを挙げておきます。改訂版が出ているものは、改訂版を示しておきます。

『ワークアウト 123 ＋ 英語体得学習法』（サピエンス研究所）

『新・基本英文 700 選』（駿台文庫）

『Forest 6th edition　音でトレーニング』（桐原書店）

『CD で覚える Next Stage』（桐原書店）

　最近は、文法書や問題集で使われていた例文を抜粋したものが市販されています。上記で言えば、『Forest 6th edition 音でトレーニング』や『CD で覚える Next Stage』です。もし普段から文法書として『総合英語 Forest 6th edition』や、問題集として『Next Stage』を使っていたりする場合は、例文に親しみがありますから、これらを用いるのもよいでしょう。例文と訳のみというシンプルな構成のため、ページ数も少なく使いやすいです。

*

　なお、特に1冊だけ「これが群を抜いて優れている」というようなものはありません。重要な例文はいつの時代でも共通なので、どの例文集をとっても根本的な違いはないからです。ただ、例文の長さの違いや、日本語訳の直訳・意訳の程度によって、トレーニングの負荷がかなり変わってきます。

　たとえば、不定詞が補語になっている名詞用法の例文を、短いものから並べてみると、次のようになっています。

My hobby is to collect old stamps.　『ワークアウト123＋英語体得学習法』
Our plan is to climb the mountain tomorrow.
　　　　　　　　　　　　　　　　　『Forest 6th edition 音でトレーニング』
My plan is to finish paying for my car before I buy a house.
　　　　　　　　　　　　　　　　　　　　　　『CDで覚える Next Stage』
The best way to master English composition is to keep a diary in English.
　　　　　　　　　　　　　　　　　　　　　　『新・基本英文700選』

　一般的には短いもののほうが、トレーニングの開始時には使いやすいでしょう。

　直訳・意訳の程度に関しては、直訳調のほうが、口頭英作文のトレーニングには使いやすいです。たとえば、上記の『新・基本英文700選』は意訳調で、

The best way to master English composition is to keep a diary in English.

に対応する訳は次のようなものです。

　英作文に上達するには英語で日記をつけるにかぎる。

　この日本語から、The best way to master English composition is to keep a diary in English. という英語に変換するのは負荷が高いです。しかし、もし次のように直訳調だったら、英語への変換は簡単でしょう。

　英作文をマスターするための最もよい方法は、英語で日記を書くことである。

　そういうわけで、トレーニングの開始時には直訳調のものを使うのが無難です。『新・基本英文700選』の他は、だいたい直訳調になっています。

　もちろん、『新・基本英文700選』は直訳調でないから悪い、ということではありません。入試問題では、「英作文に上達するには英語で日記をつけるにかぎる。」というような和英の問題が出たら、「英作文をマスターするための最もよい方法は、英語で日記を書くことである。」というように、自分が英語に変換しやすいよう頭の中で日本語を作り替えて、The best way to master English composition is to keep a diary in English. と変換できることが求められているからです。そして、この「英語に変換しやすいように頭の中で日本語を作り替える」という能力は、入試問題に限らず、英語を書いたり話したりするときに必要なものです。

＊

　高校の例文集での口頭英作文は、多くの人が試みはするのですが、「難しい」と感じてあきらめてしまうことが多いようです。しかし、難しいと感じるからには、それなりの理由があります。左記で紹介したように、テキストによって、例文が長かったり意訳調だったりして、難易度が異なるのです。また、1文だけなら簡単に変換できても、ページが進んで復習の量が増えてくるにつれて大変だと感じられてくることもあります。もし難しく感じられたら、無理をせず、短い直訳調のテキストに切り替えてトレーニングを続けてみてください。

　絶版の『ワークアウト123 ＋ 英語体得学習法』を紹介したのも、例文が短く直訳調で使いやすいからです。他のテキストが難しく感じられる場合は、古本屋で探してみてもよいでしょう。

3 【テキストの選び方③】文法書
— 気合いのある人はチャレンジ。やってみると面白いし、思ったほど大変ではない —

　高校の例文集を何冊か終えたら、一般的な文法書で口頭英作文のトレーニングをしましょう。「文法書で口頭英作文なんて、難しすぎて、とんでもない！」と思う人も多いと思います。しかし、ここまで段階的にトレーニングしてきていれば、文法書での口頭英作文は、実は難しくありません。例文の中には、構造がやや複雑なものや、語彙が難しめのものも増えますが、簡単なものも意外と多く、基本的には今までのトレーニングの延長線上にあります。

　メリットはたくさんありますが、第一に挙げたいのは、「面白い！」ということです。

　これまでに練習してきた口頭英作文のテキストでは、例文が平凡になりがちでした。235ページの不定詞の4つの例文を見ていただいても、平凡であることがわかると思います。重要な例文を高校生が理解しやすいように示す、というのが元々の目的ですから平凡なのがよいのですが、口頭英作文のトレーニングとしては味気なく感じられることもあるでしょう。

　対して、一般の文法書では、例文は実際の新聞・小説などから抜粋されたものも含まれるため、「この例文は覚えたら、そのまま使えそう

だ！」と感じられることが多く、モチベーションを保持しやすいのです。また、やや難しくなってくるため、パズルを解くときのように適度な緊張と関心も保ちやすいです。その結果、やっていて「面白い！」と感じられます。たとえば、仮定法過去では次のような例文が紹介されています。

If SARS were bacterial, it would be much easier to treat.
もし新型肺炎が細菌性のものであれば、はるかに治療しやすいだろうに。
『表現のための実践ロイヤル英文法』（旺文社）

If there weren't so many mosquitoes, it would be a perfect evening.
こんなにたくさん蚊がいなければ、申し分のない晩なのだが。
『英文法解説』（金子書房）

他のメリットとしては、文法とスピーキングを同時に強化できることです。『まえがき』でも述べましたが、中上級者になってくると、意識しなくても文法を使えるレベルを目指すためもあってか、文法がイイカゲンになることがあります。結果として、自分の話す英語に自信がもてないという人が増えてきます。そんな人は、文法書で口頭英作文のトレーニングをすれば、一石二鳥の効果が得られます。

＊

テキストの選び方ですが、基本的には、〈3章3〉『文法書を通読する』の項で紹介している文法書で、相性のよかった文法書を使うのがよいでしょう。ただし、通読する場合と口頭英作文とでは、使い勝手

が異なることがあります。不定詞が補語になっている名詞用法の例文を引用しながら、補足説明を加えておきます。

『英文法詳解』（学習研究社）

My idea is to put him in your place.
（私の考えは彼にきみのかわりをさせることだ。）

例文が短く、英語と日本語が横に並んでいるのでトレーニングしやすいレイアウトになっています。

『総合英語 Forest 6th edition』（桐原書店）

Our plan is to climb the mountain tomorrow.
（私たちの計画は、明日その山に登ることです。）

例文は、基本的に『Forest 6th edition 音でトレーニング』と同じですが、『総合英語 Forest 6th edition』のほうには、My dream is to become a lawyer. のように、類例として同じような例文も掲載されています。『Forest 6th edition 音でトレーニング』が楽しく口頭英作文できた人は、続けてこれでトレーニングするとよいでしょう。

『英文法総覧』（開拓社）

The best way is to do one thing at a time.
（最もよい方法は一度に一つのことをすることである。）

The first thing in the morning is to go to the post office.
(朝一番にしなければならないのは、郵便局に行くことです。)

解説は、新しい言語学の知見が盛り込まれていて特色がありますが、例文と訳文はごく標準的です。

『新マスター英文法』(聖文新社)

His only wish was to sleep.
(彼の唯一の望みは眠ることであった)

I despise a man whose sole aim in life is to make money.
(私は金をもうけることだけが人生の目的であるような人間を軽べつする)

注意すべき例文が並べて掲載されていることが多いので、文法のチェックにも役立ちます。たとえば、上記の例文の少し後に、「打消し関係の違いに注意する」として、次のような例文が掲載されています。

The important thing is not to talk but to listen.
(大切なことはしゃべることではなく聞くことである)

The important thing is not to talk too much.
(大切なことはしゃべり過ぎないことである)

例文と訳文は標準的です。

『ロイヤル英文法』(旺文社)

My plan is to build a new house.
(私の計画は新しい家を建てることです)

To do good is to be happy.
(善をなすことは幸福になることである)

　この文法書は難しいという意見を耳にすることがあります。ただ、難しいと感じる人は解説が難しいと感じているだけだと思います。例文と訳文は上記でもわかるとおり、ごく標準的です。

『表現のための実践ロイヤル英文法』(旺文社)

My desire is to spend more time with young people.
(私の希望は若い人と過ごす時間を増やすことだ)

　例文はやや長め。訳文は自然な日本語のため、口頭英作文のテキストとしては、やや負荷が高く、その分、面白くなっています。

『英文法解説』(金子書房)

The job of a politician is to serve the whole community.
(政治家の仕事は社会全体に奉仕することである)

For man in the Stone Age the principal problem was to survive.
(石器時代の人類にとって、第一の問題は生き延びることであった)

『表現のための実践ロイヤル英文法』と同じく、例文はやや長めで訳文は自然な日本語です。口頭英作文のテキストとしては、やや負荷が高く、その分、面白いのも同じです。

4 何回くらい繰り返す？
— 理想主義でなく現実主義で。自分が英語に費やせる時間の範囲内で、「英語が身についている」と感じられる回数を繰り返そう —

　音読にしても口頭英作文にしても、繰り返しが大切なのはわかっているし、多ければ多いほど上達するのもわかっているけれど、実際問題として何回くらい繰り返すのが妥当なのかと迷ったことがある人は多いと思います。

　これには絶対的な正解はないと思います。

　何回やればどのくらい上達するといった客観的なデータが十分にないからです。また、音読や口頭英作文によって、脳がどういう過程を経て英語が話せるようになるのかといった仕組みも、明確にはわかっていないからです。

　参考までに、音読か口頭英作文かを問わず、英語の著名人の推薦している回数を挙げておきます（これだけやれば十分という意味ではなく、少なくともこれくらいやろうという意味での推薦です）。

國弘正雄	『英語の学び方』	500回
市橋敬三	『必ずものになる話すための英文法』	80回
ハイディ矢野	『魔法の発音！ハイディの法則77』	60回
森沢洋介	『英語上達完全マップ』	30回
吉ゆうそう	『英語超独学法　秘中の秘34のノウハウ』 10回連続でスムーズに言えるまで	

絶対的な正解はないということがおわかりいただけると思います。

私自身も、最初のうちは、何回繰り返すかで迷ったことがあります。2つの心理が働いていました。1つは、「できるだけ少ない回数で済ませたい」で、もう1つが「有益なのであれば、ある程度の回数をこなすヤル気はあるけれど、不必要に回数を増やして時間を無駄にしたくない」というものです。

ただ考えてみれば、「不必要に回数を増やして時間を無駄にする」心配はないことがわかりました。「同時通訳の神様」として知られる國弘正雄が少なくとも500回繰り返したのであれば、自分は少なくとも1000回は繰り返す必要があるだろう、ということに気づいたからです。若き日の國弘正雄と比べた場合、耳のよさ、発音のよさ、基礎学力、記憶力、集中力など、あらゆる点で自分のほうが劣っているだろうと思えたからです。ということは、1000回くらいまでは、どう考えても無駄にならないと思えました。そして現実的に費やせる時間の範囲内で繰り返せた回数は、1000回どころか、多くて100回くらいです。「不必要に回数を増やして時間を無駄にする」心配はないのです。

もう1つの「できるだけ少ない回数で済ませたい」というのは、当然と言えば当然です。少ない回数で上達するのであれば、そのほうがよいでしょう。そこで私なりに落ち着いたスタンスは、英語に費やせる時間の範囲内で、回数を増やしたり減らしたりしてみて、自分なりに「英語が身についている」と感じられる、少なめの回数を探っていく、ということです。

　たとえば、時間的もしくは性格的に100回が上限だとしたら、その100回の範囲内で、日によって10回、50回、100回というように、回数を変化させるのです。

　やっているうちに、自分に適した現実的な回数がつかめてきます。「英語が身についている」という手応えを感じつつ、繰り返すのが嫌にならない回数がわかってくるのです。簡単な例文であれば回数を少なくしたり、難しい例文であれば多くしたりといった調整もできるようになります。

　トレーニングは最初のうちほど短く簡単な例文で始めることが多いですから、回数を多めにしても、想像しているほどには負担になりません。たとえば、What's your name? であれば、100回繰り返すのに2分もかかりません。下手をすると、始めるまでにアレコレ悩んでいる時間のほうがトレーニング時間より長い、なんてことになりかねません。

　まずは、始めてみることです。

5 毎日少しずつ繰り返すと快適
― 30回繰り返すのであれば、1日に30回繰り返すよりは、
　1日3回ずつ10日連続して繰り返す ―

　前項で、繰り返しの回数は、自分の感覚を信頼して決めることをお勧めしました。

　同様に、繰り返すペースも、自分に合ったペースを見つける必要があります。たとえば、1文を合計100回繰り返すとして、1文につき一度に100回繰り返したり、10回ずつ10日連続で繰り返したり、20回ずつ5日連続で繰り返したりして、自分に合ったペースを見つけるのです。

　私が快適に進められるペースは、1文につき3回ずつ10日続ける、というものです。

　具体的な進め方は、文法書の訳文を見て、

「言うべきことがわからなかったので彼は黙っていた。」

とあったら、次のように自分で英作文して口に出します。

　Not knowing what to say, he remained silent.

そしてテキストの英文を見て、自分の英作文が正しければ、そのまま2回繰り返します。計3回になります。もしテキストと違っていたら、テキストの英文を3回繰り返します。

そして次の文に進み、同じことを繰り返します。1ページ内の例文すべてで同じことを終えたら、初日分の終了です。

これを毎日1ページずつ増やしながら、10日連続で繰り返します。

つまり、文法書を1ページめから始めたとしたら、

初日	1ページ
2日	1～2ページ
3日	1～3ページ
4日	1～4ページ
5日	1～5ページ
⋮	
10日	1～10ページ
11日	2～11ページ
12日	3～12ページ
13日	4～13ページ
14日	5～14ページ

といった案配です。これで、1文につき3回ずつ10日続けることになります。11日めからは、古いものから復習しなくなるのがミソです。これによって、1日に1ページずつ古いページを復習しなくなると共に、1日に1ページずつ新しいページに進むことになります。

理想を言えば、10日でやめず、20日でも、30日でも続けたほうがいいのは当然です。また、1日に繰り返す回数も、3回ではなく10回でも20回でもやったほうがいいのは言うまでもありません。

　が、現実的に確保できる時間内で、飽きずに進められるペースを考えると、私には、これくらいが快適なのです。

　これより繰り返しの回数を増やすと、「英語が身についている」という感覚は強くなるのですが、時間がかかりすぎて新しいページに進むのが難しくなります。いくら復習が大切とはいえ、なかなか前に進まないようではトレーニングはいつか挫折します。

　快適に感じられるには、「英語が身についている」「着実に前進している」「無理なくこなせる」という感覚のすべてが得られる必要があります。

　皆さんも、自分で快適に感じられるペースをつかんでください。絶対的な正解はないのですから、自分の感覚を信頼しましょう。

　ちなみに、「1日に3回ずつ10日連続」というふうに毎日少しずつ繰り返すのは、例文を覚えることには、あまり重点を置いていないからです。「1日に10回ずつ3日連続」にしても悪くないのですが、そうすると、最初の数回と、最後の数回とでは、脳にかかる負荷の性質が、かなり異なるように感じられます。最初の数回は英文を自分で作り出す感覚が強く、最後の数回は例文を口や脳に馴染ませる感覚が強くなります。そして、このトレーニングで強化したいのは、どちらかと言えば、英文を自分で作り出す感覚なのです。

ペースや回数は、テキストの種類によっても調整しましょう。英会話の例文集や高校の例文集は負荷が軽めなので、速めのペースで多めに繰り返すといいでしょう。文法書は負荷が高いので、あまり無理しないで気楽にやるといいでしょう。通読の場合と違って、1冊通してトレーニングする必要はありません。関心のある項目から優先してトレーニングしましょう。

6 文法書は10ページくらいに分割してホチキスで束ねる

— 外出時にポケットに入れて、景色を楽しみながらトレーニング —

　文法書は重くて分厚いので、持ち運ぶのは大変です。カッターやハサミで10ページぐらいに分割して、ホチキスで束ねておくと使いやすくなります。外出するときに、その日に使いそうな分だけ持っていきます。通常は3〜4束くらい持っていけば十分でしょう。

　テキストを分割してしまうことを「もったいない」と思う必要はありません。分割することによって、いつでもどこでも使えるようになるのですからよいことなのです。「重いから」といって使う頻度が減ることのほうが、よほどもったいないのです。

　分割すると、丸めてポケットに入るので、外出時に気軽に学習できるようになります。口頭英作文の練習は、テキストをチラッと見るだけで、あとは視線を上げますから、ベンチなどの座る場所さえあれば、春は桜並木、夏は海辺で水平線、秋はイチョウ並木といった具合に、景色を眺めながらトレーニングができます。

　テキストを分割するメリットは、他にもあります。苦手な文法項目を、重点的にトレーニングしやすくなるのです。否定が苦手な人は、複数の文法書から否定のページだけを抜き出して、口頭英作文のトレーニングをすることができます。

文法書は、先頭から最後まで順番に進める必要はありません。このことは頭ではわかっていても、実際に新しいピカピカの文法書を手にすると、「先頭から最後まで徹底的にトレーニングしよう！」と張りきる人が多いようです。その心意気は素晴らしいのですが、苦手な項目を集中的にトレーニングしてしまうことも大事です。テキストを分割してあれば、それも容易です。たとえば、〈3〉『【テキストの選び方③】文法書』でお勧めした7冊の文法書すべてから否定のページだけ抜き出してもノート1冊分にもならないので、軽いものです。

　トレーニングを終えた束は、とりあえず段ボール箱などに入れていきます。時折パラパラと眺めてみて、気の向いた束があれば抜き出して、再びトレーニングをします。もちろん、通読したり参照したりするには使い勝手が悪くなっていますから、同じものをもう1冊購入しておきましょう。

注意点

　スキャナで文法書のテキストを取り込んだり、iPhoneやiPadなどの電子機器を上手に使っても、同じようなトレーニングはできます。要は、いつでもどこでもテキストを参照して口頭英作文ができればいいわけです。ただ、トレーニング日誌が自動的に記録されるとか、本質的でないことで満足してしまわないよう注意しましょう。一見便利に見えても本当に効率が上がっているのか、冷静にチェックしてみる必要があります。時間あたりに口にした口頭英作文の数を比べてみると、一見、時代遅れに見える分割したテキストのほうが効率的なことも多いのです。

7 付属CDのちょっとした使い方
― 聞き流し用に使える ―

　最近の問題集や参考書の多くは CD が付属しています。内容も、英語だけのもの、英語→日本語のもの、日本語→英語のものなど様々です。

　オーソドックスな使い方としては、次のような活用法があります。

● 日本語→英語の CD の場合

1) 日本語が1文流れたら、CD を一時停止し、口頭英作文をしてみる。
2) 一時停止を解除し、英語を聴いてみる。
3) 英作文が正しくできていたら、数回、その英作文を口にして次に進む。正しくできていない場合は、口にする回数を多めにして次に進む。

● 英語→日本語の CD や、英語のみの CD の場合

　日本語から英語への口頭英作文はできませんが、例文に親しむことを目的として何度も聴くとよいでしょう。余裕があれば、CD の後について英語を口にするのもよいでしょう。

　注意点としては、問題集や参考書の CD はスロースピードのものが多いということです。中上級者の場合はテキストを見て口頭英作文す

ることをメインにして、CD は補完的に使うのがよいでしょう。

　意外な使い方としては、聞き流し用に使う方法があります。ナチュラルスピードの英語だと、聞き流していると、ほとんど耳に入ってこないものですが、スロースピードの英語は、掃除洗濯など他の作業をしながら聞き流しても、耳に入ってくるからです。

　他にもよいアイデアがあれば、各自で使いやすいように活用するといいでしょう。

8 少し趣向を変えた口頭英作文
― 文法書の目次で口頭英作文してみる ―

　中上級者になると、文法を意識しなくなる人が増えてきます。「ある程度は文法が理解できるようになったので、次のステップは実践だ！」ということで、あまり文法を意識せずに英語を使うことに重点を置くようになるのだと思われます。

　私たちが文法を意識せずに日本語を使えるのと同じように、英語も文法を意識せずに使いこなせたら理想でしょう。ですから、「文法を意識しないで英語を使ってみる」というのは、方向性は間違っていないと思います。

　ただし、現実には、「文法を理解できる」ことと、「文法を意識せずに英語を使いこなす」との間には、長い距離があります。そこで、途中にワンステップを設けて、「文法を意識してアウトプットする」トレーニングが効果的なのです。このトレーニングの代表が文法書を使った口頭英作文というわけですが、文法項目をより明確に意識するトレーニングとして、少し趣向を変えた口頭英作文を紹介します。

　文法書の目次を見て口頭英作文していく、というものです。

　たとえば目次に、

```
名詞
  可算と不可算
    固有名詞、普通名詞、抽象名詞、物質名詞、集合名詞
```

とあったら、それぞれの文法項目で例文を作ってみるのです。

可　算　I have a lot of <u>books</u>.
不可算　I have a lot of <u>information</u>.

固有名詞　I like <u>Mary</u>.
普通名詞　I am reading a <u>book</u>.
抽象名詞　<u>Happiness</u> is the most important.
物質名詞　This desk is made of <u>wood</u>.
集合名詞　Two <u>families</u> attended the wedding reception.

これを目次の最初から最後まで行います。

ばく然と英作文するのではなく、文法用語をしっかり意識して英作文するため、正確な文法知識が身につきます。

このとき、自然な英文、カッコいい英文、実用的な英文、というようなことを気にする必要はありません。目次の文法項目を正しく含めることに注意を払ってください。

口頭英作文した後、該当ページの例文を読みます。自分の英作文と

テキストの例文とがまったく同じでなくても、目次の文法項目が正しく含まれていれば OK です。

　たとえば、可算名詞の例文を作るのであれば、There is a book on the desk. でも I have a lot of books. でも、I have two cars. でも OK です。

　しかし、He has a lot of money. や I want to drink some water. のような英作文をしてしまうと、文法的に正しい英文ではありますが、money や water が不可算名詞なので、可算名詞のトレーニングとしてはダメということです。

　正しく英作文できなかった項目は、解説も丁寧に読んでおきましょう。自分自身で手間をかけて英作文していると、普段よりも関心をもって読めるものです。

メリット

- 文法とスピーキングを同時にトレーニングできる。
- 目次の口頭英作文は、数日から数週間で一周できるので、短期間で文法の全体像を把握できる。
- 曖昧だった文法項目の違いが明確になる。たとえば、関係代名詞と関係副詞という言葉だけから英作文する必要があるため、これらの違いが曖昧だった人も、明確に区別できるようになる。

4章 スピーキング　▼2部・口頭英作文

9 スムーズにトレーニングを進めるコツ
― 苦手な文法項目は、文法ルールを日本語で暗唱できるようにもしておく ―

　口頭英作文をしていると、いつも間違えたり、つっかえたり、迷ったりするような項目が出てきます。そのような項目は、〈6〉『文法書は10ページくらいに分割してホチキスで束ねる』で紹介したように、複数のテキストから抜粋して集中トレーニングするのが1つの対策です。

　もう1つの対策として、苦手な文法項目があったら、日本語でもルールを暗唱できるようにしておくことをお勧めします。

　「スピーキングの練習なのに、文法ルールを日本語で暗唱しておくの？」と疑問に思うかもしれません。「文法ルールを覚えたところで、そのルールが使われている英語を読んだり話したりできなければ、意味がない」と思うかもしれません。

　この気持ちはよくわかります。ただ私は、スピーキングの練習なしにルールだけを日本語で暗唱することを勧めているのではありません。日本語から英語へのスピーキングの練習をしたうえで、加えて、苦手な文法ルールがあれば日本語で暗唱してしまうことを勧めているのです。

　なぜそこまでするかというと、苦手項目だからです。

もし苦手でなければ、日本語でルールを暗唱できなくても構わないでしょう。そこまでしなくても正しく英語を作成できて、正しく理解できるのであれば、それが理想です。

　たとえば、ありふれた例ですが、「明日雨が降ったら家にいます。」と「明日雨が降るかどうかを知らない。」をそれぞれ

I will stay home if it rains tomorrow.
I do not know if it will rain tomorrow.

と、if 節の rains と will rain を容易に使い分けることができるのであれば、日本語でルールを暗唱する必要はないでしょう。

　ただ、もしよく間違えてしまうのであれば、単に口頭英作文するだけでなく、「時と条件の副詞節では未来のことも現在形で表す」と日本語でルールを暗唱して覚えておいたほうが、正しく英作文ができます。

　英語学習には時代ごとに流行があるようで、最近は「文法軽視」「日本語は使っちゃダメ」という風潮があるようです。知らず知らず影響されているのかもしれません。

　しかし、ルールを覚えたうえで練習するのと、ルールを覚えずに練習するのとでは、どちらが効率的かあきらかでしょう。念のため繰り返しておきますが、「英語を話さないで、日本語でルールだけ暗記しておく」のではありません。「英語を話し、日本語でルールも暗記しておく」ことをお勧めしているのです。

「いつも迷う！」という苦手な項目があったら、ルールを日本語で暗唱しておきましょう。

1 ある程度の長さとストーリー性のある英語を音読する
― 飽きにくいものを探す ―

　音読が効果的だということがわかっていても、挫折してしまう人は多いものです。一番の原因は、「集中力が続かない」ことでしょう。

　初めのうちは、発音やイントネーション、意味、構文など様々なチェックポイントを設けて音読していても、数分すると、頭がボーッとしてきて念仏のように声を出しているだけ、となることがよくあります。しかも音読は、同じものを繰り返し読むのが基本ですから、飽きてしまって集中力が失われやすいのです。

　では飽きないように毎日新しいものを読めばいいかというと、新しいものはスラスラ音読できないことが多いので、効率的ではありません。同じものを繰り返し音読してスラスラ読めるようになった後、さらに繰り返して読むことによって、英語を体に染み込ませることが音読の目的です。上達するにつれて、初めて目にする英語でもそれなりにスラスラ音読できるようになりますが、そのためには、まずは同じ文章を繰り返し読んでスラスラ音読できるようになることが先決です。

　そこで大事なのが、繰り返し読んでも集中力が失われないような、自分に関心のある英文を見つける、ということになります。たとえば、次のような分野の英文が考えられます。

> お気に入りの小説の一節
> お気に入りの自己啓発書の一節
> 自分が学びたい分野の how to 本の一節

　もちろん他に、飽きずに繰り返し読めるものがあれば、それを使っていただいて結構です。

2 お気に入りの小説の一節
― 大好きな小説がある人はラッキー ―

　できるだけ楽しい教材で学習したいというのが、すべての学習者の願いでしょう。そういう点で、もし何度読み返しても飽きないような大好きな小説があれば、これほど素晴らしいことはありません。

　たとえば村上春樹は中央公論新社の『グレート・ギャツビー』の訳者あとがきで、次のように記しています。

> 僕は隅から隅まで丁寧に、何度も何度もこの作品を読み返し、多くの部分をほとんど暗記してしまった。

そしてこの数ページ後に次のように記しています。

> フィッツジェラルドの文章には、音楽という類推(アナロジー)を使うと、より自然に理解できるところがある。時として彼の文章は耳を使って読まなくてはならない。そして声に出しながら移し替えなくてはならない。

きっと何度も声に出して読んだのだと思われます。

　注意点としては、村上春樹が1冊ほとんど覚えてしまったからといって、私たちも意気込んで「この1冊をまるまる完全に仕上げよ

4章 スピーキング ▼3部・音読

う！」というように完璧主義になる必要はありません。本当に好きな一場面を繰り返し音読してみて、余裕があれば、ページを増やしていくのが無難でしょう。

　日本人作家のものしか読まないという人でも、作品が英語に翻訳されている場合がありますから、あきらめないでください。次のような作家は、作品が翻訳されていて、ペーパーバックをアマゾンで注文できます。

　夏目漱石
　川端康成
　三島由紀夫
　大江健三郎
　村上春樹
　村上龍
　吉本ばなな
　宮部みゆき

　講談社英語文庫というシリーズでは、次のような作家の作品が翻訳されています。

　星新一
　芥川龍之介
　宮沢賢治
　太宰治

　もちろん、探せば他にもたくさんあるはずです。お気に入りの作家であれば、探すのも苦にならないと思います。

3 繰り返し口にするに値する、役立つ自己啓発書の一節など
― 毎日自分に言い聞かせよう ―

　自己啓発書を読んで、「よし、今日から自分も見習おう！」と張り切った経験のある人は多いと思います。そして三日坊主で終わる人も多いのではないでしょうか。

　私もそのような経験がたくさんあります。「感謝の気持ちを忘れずに」「早寝早起き腹八分」「逆境こそチャンス」など、読んだときは共感して「今日から実行しよう！」などと思いつつ、翌日には忘れているといった感じです。

　忘れないためには毎日繰り返し読めばよいのですが、これを英語でやってしまおう、というわけです。

　幸いなことに、自己啓発書はアメリカでは一大分野をなしていて、洋書はたくさんあります。古典的な本としては、デール・カーネギーの『人を動かす』や、ナポレオン・ヒルの『思考は現実化する』が有名でしょう。やや新しいところでは、スティーブン・コヴィーの『七つの習慣』や、ロバート・キヨサキの『金持ち父さん貧乏父さん』などが有名です。これらを読んでみて、「よし、これなら繰り返し読んでも飽きないぞ」とか「これは常に心に留めておきたい」と思える一節があったら、洋書を購入して音読するのです。

今までに自己啓発書を読んだことがなければ、試しに図書館で借りてきて読んでみるのもよいでしょう。何冊か読んでみれば、自分と相性のよいものが見つかると思います。自己啓発書は、ヤル気を鼓舞するものが多いですから、英語学習も「やってやるぞ！」とモチベーションが高まって、一石二鳥になることもしばしばです。

4 繰り返し読むに値する、自分が学びたい分野のテキストの一節

— ダイエットや禁煙・禁酒などの how to 本なら、
繰り返し読める！ —

「関心のある自己啓発書や小説が見当たらないよ！」という人は意外と多いと思います。読書好きの私でさえ、繰り返し読むに値する一節を、洋書の自己啓発書や小説から抜き出すとなると、それほど多くはありません。

しかし、心配無用です。何度も読み返したい文章というのは、きっと誰にでも見つかります。好きな文章を探そうとすると見当たらなくても、「常に留意しておきたい文章」を探せば、意外と簡単に見つかるものです。たとえば、ダイエットに励んでいる人は多いと思いますが、そのような人たちにとっては、ダイエット関係の洋書の中に、常に留意しておきたい文章がたくさんあると思います。自分に言い聞かせるために読むものですから、何回読んでも飽きないでしょう。

私自身はダイエットはしたことがありませんが、禁煙はあります。何度も失敗した後、救いを求めるように禁煙を励ます本を購入しました。そして吸いたくなるたびに、自己暗示をかけるようにして何十回も読みました。英語学習を開始する前でしたので洋書ではありませんでしたが、英語学習を始めていたら、迷うことなく洋書を購入していたと思います。

How to Stop Smoking and Stay Stopped for Good
Allen Carr's Easy Way to Stop Smoking: Be a Happy Non-smoker for the Rest of Your Life

　本の見つけ方は、アマゾンなどの洋書のサイトで、"how to"で検索すると、たくさんのhow to本が表示されます。

　ダイエットの本や、

How To Eat, Move And Be Healthy!
How Not to Look Old: Fast and Effortless Ways to Look 10 Years Younger, 10 Pounds Lighter, 10 Times Better

育児の本は、それこそ表示しきれないほどたくさんあります。

How We Love Our Kids: The Five Love Styles of Parenting
Brain Rules for Baby: How to Raise a Smart and Happy Child

　他にも「そんな分野の本があったのか」と思うようなものもありますから、自分に関心のある洋書が見つかると思います。

　"how to"で検索する以外の方法としては、「how to本に強い出版社の書籍を探す」というのがあります。たとえば、For Dummiesという出版社があります。アマゾンの洋書のサイトで、For Dummiesで検索すると、この出版社のhow to本が何百冊も表示されます。ごく一部だけ紹介します。

Twitter For Dummies

Business Ethics For Dummies

Dad's Guide to Pregnancy For Dummies

iPad For Dummies

Reading Financial Reports For Dummies

Running a Restaurant For Dummies

Basic Math and Pre-Algebra For Dummies

Chemistry For Dummies

Guitar For Dummies

Violin For Dummies

びっくりするくらい広範囲の how to 本を出版していますから、きっと誰でも、常に留意しておきたい文章が見つかるはずです。

5 音読を繰り返した後は、積極的に暗記してみる
— 暗記してしまえば、いつでもどこでも練習できる。荷物で両手がふさがっていても練習できる —

　お気に入りの一節を繰り返し音読して、ある程度スラスラ読めるようになってきたら、今度は積極的に暗記してしまいましょう。

　なぜ暗記してしまうかというと、いつでもどこでも練習できるようになるからです。駅から自宅まで、気軽に練習できます。

　また、ちょっとしたハイキングに出かけると、かなりの時間を歩くことになります。そんなとき、ある程度まとまった暗唱する英文があれば、両方を心地よく楽しむことができます。ペーパーバックで20ページほど暗記してしまえば、1回の暗唱に30〜40分ぐらいはかかります。5時間ハイキングを楽しみながら暗唱を繰り返したとしても、繰り返す回数は10回くらいです。繰り返しすぎて飽きる、ということもありません。行楽シーズンは学習のチャンスです。

*

　長い文章を暗記することは、意味と構造の両方を意識するよいトレーニングにもなります。長い文章には、数行におよぶ長い文が含まれているものです。そして長い文は、SVOCなどの構造を意識しないと、なかなか覚えられるものではありません。つまり長い文を覚え

ることで、文の構造を意識する習慣を否応なしに身につけられるのです。また、長い文章を覚えるには、前後の流れを覚えている必要があります。「前の文章でああいうことを言っていたから、そうだ、次は、こんなことを言うんだった」といった具合です。

　長い文や、複数の文（つまり文章）を話すのが苦手な人には、長い文章の暗記は効果的です。

　暗記のコツとしては、数語ずつに分割して「片寄らずに」覚えていき、後で長くつなげていくことです。これは当たり前といえば当たり前だと思うのですが、意外と多くの人が「片寄った」覚え方を試みて「ダメだー！」とあきらめてしまうので、念のため説明しておきます。

　以下は、デール・カーネギーの『人を動かす』（How to Win Friends & Influence People）の「A Simple Way to Make a Good First Impression」という章の第1段落です。

> At a dinner party in New York, one of the guests, a woman who had inherited money, was eager to make a pleasing impression on everyone. She had squandered a modest fortune on sables, diamonds and pearls. But she hadn't done anything whatever about her face. It radiated sourness and selfishness. She didn't realize what everyone knows: namely, that the expression one wears on one's face is far more important than the clothes one wears on one's back.

これを暗記するとき、次のように、少しずつ追加して覚えていこうとする人が多いようです。

---

1. At a dinner party
2. At a dinner party in New York,
3. At a dinner party in New York, one of the guests,
4. At a dinner party in New York, one of the guests, a woman who had inherited money,
5. At a dinner party in New York, one of the guests, a woman who had inherited money, was eager
6. At a dinner party in New York, one of the guests, a woman who had inherited money, was eager to make a pleasing impression
7. At a dinner party in New York, one of the guests, a woman who had inherited money, was eager to make a pleasing impression on everyone.
8. At a dinner party in New York, one of the guests, a woman who had inherited money, was eager to make a pleasing impression on everyone. She had squandered ...

At a dinner party を数回暗誦してから、At a dinner party in New York を数回暗誦し、さらに At a dinner party in New York, one of the guests, を数回暗誦して、少しずつ追加していく覚え方です。この方法で覚えられるうちはいいのですが、多くの場合、途中で力尽きてしまいます。冒頭だけ何度も練習することになりますから、片寄っ

ているのです。

　私が勧めるのは、まずは次のように、分割した部分だけを繰り返し口にして覚えることです。

---

1. At a dinner party in New York,
2. one of the guests,
3. a woman who had inherited money,
4. was eager
5. to make a pleasing impression
6. on everyone.
7. She had squandered ...

その後で、徐々に長くしながら、繰り返し口にして覚えていきます。

---

1. At a dinner party in New York, one of the guests,
2. a woman who had inherited money, was eager
3. to make a pleasing impression on everyone.
4. She had squandered ...

同様にして、さらに長くしていきます。everyone. と She というような、2文のパーツをつなげて覚えるのは不自然に感じられるかもしれませんが、しっかり練習します。

---

1. At a dinner party in New York, one of the guests, a woman who had inherited money, was eager
2. to make a pleasing impression on everyone. She had

> squandered ...

全部つながるまで繰り返します。

> At a dinner party in New York, one of the guests, a woman who had inherited money, was eager to make a pleasing impression on everyone. She had squandered ...

これが「片寄らずに」覚えていくということです。

この考え方は、1文を覚えるときだけでなく、つながった文章を覚えるときも同じです。もし10文で構成された文章があったとしたら、次のような順番で覚えるわけです。

まず、
1文と2文
3文と4文
5文と6文
7文と8文
9文と10文

次に、
1文から3文
4文から6文
7文から9文
10文

さらに次に、
1文から5文
6文から10文

最後に、
1文から10文

といった具合です。これなら無理なく覚えられます。

　ちょっとしたコツとしては、文末と文頭は多めに繰り返すことです。文章の暗記は、やってみるとわかりますが、文の最初が、なかなか口から出てこないものです。最初の単語さえ口から出れば、終わりまでスムーズに言えることが多いのです。先に述べた、everyone. と She had squandered ... のような、2文のパーツもしっかりつなげて練習するのは、everyone. と文を終えた後にスムーズに She を口から出せるようにするためです。

注意点

　音読は暗記を目的にして繰り返すのではなく、音読を繰り返した結果、自然に暗記できてしまうのが理想という意見を耳にすることがあります。私も同感ではあります。ただし、あくまで理想論だろうとも思います。現実に、それだけの時間を確保できる人は少ないだろうからです。

　暗記を目的として音読することに問題点があるとするなら、暗記したことで安心してしまって、音読を続けなくなることでしょう。私が

音読のテキストを暗記してしまうことをお勧めしているのは、冒頭で書いたとおり、暗記してしまえば、いつでもどこでも音読トレーニングできるようになるからです。トレーニングの回数を増やすのが目的なのです。

　覚えて終わりにするのではなく、覚えた後も音読を続けましょう。これが大事です。

1 丁寧に発音しよう
― 今より上のレベルを目指すのであれば、今より
丁寧に読もう ―

　音読や口頭英作文などのスピーキングの練習では、「早く上達したい！」という焦りがあるせいか、とにかく回数をこなすことを優先して、発音が雑になる人が多いものです。ゆっくりとであればsinkとthinkや、batとbutなどを区別して発音できる人でも、文章になると、発音の区別がなくなってしまいがちなのです。これでは、練習の効果が半減してしまいます。

　頭の中の英語回路を強化するのが目的であれば、初中級者のうちは、「イイカゲンな発音でもいいから、とにかく声に出して読みなさい」というアドバイスが合理的なことはあります。しかし、中上級者がスピーキングの強化を目的として音読や口頭英作文をするのなら、発音に注意するのは当然のことです。今より上のレベルを目指すのであれば、今より丁寧に読みましょう。

　たとえば、271ページのAt a dinner party in New York, one of the guests, a woman who ... の文章であれば、次のように1語1語、自分でチェックポイントを設定して丁寧に発音していきましょう。

At 「語尾のtに不要な母音を入れないように注意しよう」
　　日本語の「と」のように、語尾に母音を入れてはダメです。

a　　　「be 動詞の are と同じ発音にならないように注意しよう」
　　　　弱く、短く、発音しましょう。

dinner　「din の母音を、日本語のイで代用しないように注意しよう」
　　　　din の母音は、イとエの中間の音です。
　　　　「ner の母音を、後に続く party の母音と同じにならないように注意しよう」
　　　　ner のほうは、curd, firm, heard の母音と基本的に同じです（アクセントの有無だけ異なります）。

party　「par の母音を、dinner の ner と同じにならないように注意しよう」
　　　　口を大きく開けて発音します。card, farm, hard の母音と同じです。しかし、curd, firm, heard の発音になってしまう人が多いです。

in　　「n では、舌を、上の歯茎にしっかり押しつけよう」
　　　　日本語の「ん」や /m/ になってしまう人が多いです。

　同様にして、すべての単語の発音を1つ1つ確認していきます。

　1つ1つを正確に発音したうえで音読の回数を増やしていけば、徐々にスピードも上がっていき、ある程度は音の連結も自然にできるようになります。たとえば /n/ で舌を上の歯茎に押しつけて発音することができていれば、**one of the guests** の **one of** などは、自然につなげて読めるようになります。

　発音というと、/l/ と /r/ の区別を連想する人が多いようですが、

他にも区別が大切な発音があります。以下に主要なものを挙げておきます。単語レベルで区別して発音できるだけでなく、文中でも区別して発音しましょう。発音している「つもり」であっても、実際には音が出ていないこともありますから、ボイスレコーダーなどで録音して、ときどきチェックしましょう。

● 子音
  she, see
  best, vest
  horse, force
  light, right
  year, ear
  think, sink
  miss, myth
  them, then
  eat, eats
  bed, bet

● 母音
  leave, live
  bad, bud, bed
  fax, fox
  cop, cup
  bought, boat
  hurt, heart

hurt と heart に関しては、発音記号を見れば発音できる人であっ

ても、そもそも発音を勘違いして覚えていることがあります。たとえば、次のような基本単語を勘違いして覚えている人は意外と多いものです。上の段が hurt と同じ母音で、下の段が heart と同じ母音です。

hurt, bird, burn, curd, earn, earth, firm, fur, heard,

heart, bar, barn, bark, car, card, farm, far, guard, hard,

もし、個々の発音記号が曖昧な場合は、前著『〈具体的・効率的〉英語学習最強プログラム』に発音練習の手順を詳しく書いてありますので、こちらを参照して練習してください。

巷には、「発音なんて気にするな！」という意見もあるようです。これは、「発音のミスをおそれるあまり無口になってしまうよりは、発音なんて気にしないで、積極的に話したほうがいいですよ」というアドバイスとして受け取るのが賢明です。普段から発音を十分に意識して練習し、本番では意識しなくても通じる発音で話せることを目指しましょう。

2 過去形の発音のルール
— watched, waved, wanted はどう発音する? —

　世間的にはそれなりの上級者とされている人であっても、過去形の発音が頼りない人は意外と多いものです。たとえば、一度は学校で習ったはずなのに、見出しのwatched, waved, wantedの語尾を正しく発音できない人が意外と多いのです。大人になってからの学習では発音は後回しになりがちなので、学生時代に発音に熱心な先生から教わったというようなラッキーな場合を除けば、仕方のないこととは思います。念のため、以下で説明しておきます。

　過去形の発音のルールは簡単です。

> 1）原形の語尾が無声音の場合は、過去形の発音は /t/
> 2）原形の語尾が有声音の場合は、過去形の発音は /d/
> 3）例外として、原形の語尾が /t/ または /d/ の場合は、過去形の発音は /id/

1）は、たとえば watch の発音は、watch/wɑtʃ/ というふうに語尾が無声音ですから、過去形の発音は /t/ をつけて /wɑtʃt/ となります。
2）は、たとえば wave の発音は、wave/weiv/ というふうに語尾が有声音ですから、過去形の発音は /d/ をつけて /weivd/ となります。

3)は、たとえば want の発音は、want /wɑnt/ というふうに語尾が /t/ ですから、過去形の発音は /id/ をつけて /wɑntid/ となります。また、load の発音は、load /loud/ というふうに語尾が /d/ ですから、過去形の発音は /id/ をつけて /loudid/ となります。

よく見られる勘違いは、1) のルールに関するものです。/t/ で終わらせる単語を、本人は /t/ と発音しているつもりで /to/ や /tu/ のように不要な母音を入れてしまうケースや、有声音の /d/ で発音してしまうケースが多く見られます。

なお、有声音か無声音か不明な場合は、のどに手を当てて発音してみてください。手にふるえが感じられれば有声音で、感じられなければ無声音です。

〈2部9〉『スムーズにトレーニングを進めるコツ』でも説明しましたが、もし苦手な項目があったら、英語を口にするとともに、ルールも日本語で覚えてしまったほうが効率的です。この例で言えば、watched, waved, wanted の発音を練習する一方で、先ほどの3つのルールを日本語で覚えてしまうのです。

3 1人で練習するのであっても、目の前に聞き手がいることを想像して口に出す
― 朗読を聞かせるようなつもりで ―

　スピーキングの練習のほとんどは1人で行います。音読にしても口頭英作文にしても、目の前に相手がいません。そのため、本来は相手に話しかける行為であるはずなのに、独り言のように話す癖がついてしまう人が意外と多いです。下を向いたり、小声になったり、早口になったり、お経のように一本調子になったりと、様々な癖があります。

　「練習のときは下を向いてモゴモゴ言っていても、実際に英語を話す機会がきたら、相手の目を見て話すつもりだ」という人もいるかと思います。しかし一般的に言えば、練習でできないことは、本番でもできないものです。

　ですから、目の前に相手がいるつもりで練習したほうがよいのです。口頭英作文のような短い文は1人の相手に話しかける感じで、音読のような長い文は朗読会で多数を相手に話しかけるような感じで練習するとよいでしょう。相手に話しかけるつもりで練習していれば、変な癖があったとしても、だんだんと消えていくはずです。たまには鏡を見て、自分の話し方をチェックするのもお勧めです。

5章 精読

1 文の構造を意識した英文解釈の参考書を定期的に復習する

— 復習を繰り返して英文が身についてくると、日本語の訳や説明を読む必要がなくなるので、実質的に読む部分は半分以下に減ってくる。分厚い参考書も、半日あれば簡単に読み終えられるようになる —

　精読の基本は、文の構造を意識することです。まずは前著でも紹介した、文の構造を意識した参考書を復習しましょう。

『必修英語構文』（駿台文庫）

『英文標準問題精講』（旺文社）

『英文解釈教室』（研究社）

『英文読解の透視図』（研究社）

　研究社から 2010 年 6 月に新装復刊された『英文読解講座』もお勧めです。

　復習の進め方は、文法の問題集を復習する方法と共通しています。復習を徹底的に繰り返すことによって、習熟度を徹底的に上げて 1 冊の復習にかける時間を短縮してしまうのです。逆に言うと、あっという間に復習が終わるくらいに習熟するまで、徹底的に繰り返して読むということになります。

中上級者になって学習が進んでくると、一通り終えた問題集や参考書が少しずつ増えてきます。量が増えてくるので、いつか復習しようと思いつつも、なかなか取りかかれなくなります。そうこうしているうちに、せっかく学習したことを忘れてしまうという、よくあるパターンに陥りがちです。あっという間に復習が終わるくらいに習熟してしまえば、定期的に復習してもさほど時間がかかりませんし、復習する頻度を少なくしても、忘れないようになります。

　復習を始める前にイメージしておきたいことは、「やればやるほど簡単になる」ということです。最初に時間がかかったものほど、スピードアップの度合いが大きくなります。文の構造を意識した参考書は一般的に言えば難しいものが多く、最初は1冊こなすのに数ヵ月かかることがありますが、スラスラ読めるようになってしまえば、せいぜい数百ページの本ですから半日あれば余裕で読み終えられるようになります。

　また、文の構造を意識した参考書は、日本語での解説が丁寧で長いことが多く、ページに占める英文の割合は意外と少ないものです。復習を繰り返して英文が身についてくると、訳や解説を読む必要がなくなってきますから、実質的に読む部分は半分以下に減ってきます。どんどんページが進むようになります。

　余裕で読めるようになると、英文の内容を楽しめるようになります。文の構造を意識した参考書は、名文とされている英文を抜粋したものが多いですから、読んでいて知的に楽しいものです。お気に入りの喫茶店などでくつろぎながら1冊読み終えてしまうのも、贅沢な一時を味わえてよいものです。

5章 精読

2 思想書や哲学書のような、抽象的な英文を毎日少しずつ丁寧に読む

— 抽象的な英文は、フィーリングや背景知識による
　ゴマカシが利かないので、文の構造と論理展開を
　意識して読むのに適している —

　参考書の精読の復習を終えたら、実際の英語を精読しましょう。

　精読の場合は、1文1文の構造に注意するのは当然として、文と文との関係にも注意してください。

　たとえば、次の文章を読んでみましょう。ing のチェックでも引用したマイケル・ジャクソンについてのニュースです。

> Music fans across the globe on Friday marked the first anniversary of the death of the legendary Michael Jackson.
>
> The so-called King of Pop died suddenly at the age of 50 on June 25, 2009, in Los Angeles. His death was attributed to an overdose of a powerful anesthetic (propofol). The doctor who administered the drug (Conrad Murray) is facing criminal charges (involuntary manslaughter) in connection with Jackson's death.

> Also, Jackson's father filed a wrongful death lawsuit Friday, accusing the Nevada doctor of lying to the doctors and paramedics trying to save the singer's life.

この also のような簡単な単語にも注意しましょう。also を見ると「〜はまた」「〜もまた」のどちらかを癖で訳して、それ以上注意しない人も多いのですが、「〜はまた」と「〜もまた」は全然違いますよね。

Taro speaks English.
Also, he speaks French.

これは、「彼はフランス語も話す」で、「〜はまた」のタイプです。

Jiro speaks French.
Also, Taro speaks French.

こちらは、「太郎もフランス語を話す」で、「〜もまた」のタイプです。

マイケル・ジャクソンのニュースは「〜もまた」のタイプで、「ジャクソンの父もまた訴訟を起こした」ですね。前の文で、当局がすでに過失致死で訴えていることがわかりますから、それに加えてジャクソンの父も訴えた、という流れになります。

上記は意識すれば誰でもわかる簡単なことですが、現実に英文を読

んでいるときは意識せずイイカゲンにしてしまう人が多いのです。

*

　精読する英文は、ここではたまたまニュースを引用しましたが、欲を言えば、哲学書や思想書、硬めのエッセイなどの抽象的なものが適しています。フィーリングや背景知識によるゴマカシが利かないので、文の構造や論理の流れを意識して読むのに最適なのです。たとえば、一昔前の入試問題でよく使われていた、バートランド・ラッセルのエッセイのような英文です。もちろん好みの著者がいれば、その著書を丁寧に読めばいいでしょう。特に好みの著者がいない場合は、旺文社の『英文標準問題精講』のような、抽象的な英文を集めた問題集の中で、「面白い」と感じた著者をピックアップし、その著書を買う、という方法が考えられます。『英文標準問題精講』に収められた英文の著者は、アインシュタインなど有名人が多いですから、著書も手に入りやすいはずです。著書を買わずに『英文標準問題精講』で精読の訓練をすればいいのでは、と思うかもしれませんが、『英文標準問題精講』は短い文章が抜粋されているので、自分で論理展開を追いかけるトレーニングという点で、やや弱いです。また、不明箇所を自分で考えるためにも、訳のない洋書が適しているのです。

　ただし、前の段落で「欲を言えば」と書いたのは、必ずしもすべての学習者が抽象的な英文を読む必要はないからです。「抽象的な文章は面白くないので日本語でも滅多に読まない」という人が、抽象的な英文を読む必要はないでしょう。そういう場合は、現実的な対策として、自分で「一字一句を大切に読みたい！」と思える本を読みましょう。たとえば、自分が好きな映画俳優やアーティスト、スポーツ選手

などの本は、一字一句を正確に理解したくなるものでしょう。不明な箇所があっても、自分でじっくり考えることが楽しくなります。

　読むペースは、ゆっくりで構いません。速読ではなく精読なので、急いではトレーニングの意義がありません。無理のないペースを自分で設定してください。ちょっとしたコツとして、「1日5ページ、または不明箇所が現れるまで」のような形で設定しておくと進めやすいです。ページ数だけで目標を立てると、不明箇所が出てきたときにページが進まなくなって無理が生じます。

　ペースを決定したら、一字一句、丁寧に読んでいきます。不明箇所はスキップしないで、辞書や参考書を参考にして落ち着いて考えましょう。じっくり考えても解決しない場合は、しばらくの間、保留にしておいてください。スッキリしない英文を一定期間、頭の片隅に置いておくのです。保留にしている間に、ふと、「あ、そういうことだったのか」と正解がひらめくことがあります。保留にしておく期間は、各人で自由に決めればいいのですが、現実的な目安としては1週間くらいでしょう。いくら考えてもわからないものもあるからです。そのような英文にはマーキングしておいて、新しくページを読み進めるとともに、折りにふれて読み返すようにしてください。いつか正解がひらめきます。

　精読をすると、わからないところを自分でじっくり考えることになるので、次のような癖がついている人に効果的です。

● 速読のトレーニングでは不明箇所があってもスキップしますが、これが癖になってしまい、速読以外のときでも不明箇所をスキップしてしまう人

● 文の構造を意識した参考書のトレーニングでは、少し考えてわからない構文は、さっさと解説と訳を読んでしまい、理解した後で何度も音読するのが効率的ではありますが、これが癖になってしまい、何を読んでも少し考えてわからなければあきらめてしまう人

● トレーニングの一過程として、日本語の新聞を読んだ後で英語の新聞を読んだり、翻訳された小説を読んだ後で原書を読んだりすることがあります。これは合理的なトレーニングですが、これが癖になって、日本語訳がないと英語を読むのが不安になるという人

単語の意味をイイカゲンに組み合わせて読んだり、背景知識から推測して読んだりするので、誤解することも多く、自信がもてずにスッキリしない、という人は意外と多いものですが、上記のような癖が原因となっていることもあります。

わからない箇所は、一時的な方策として読み飛ばすことはあっても、落ち着いて考えれば自力で理解できるようになりましょう。

6章 速読

1 日本語で1日1冊読めるのであれば、洋書も1日1冊読んでしまおう

― 速読は、気持ちが大事。
「日本語と同じくらい速く読もう！」と意識しよう ―

速読の最大の秘訣は、何だと思いますか？

豊富な語彙？ 正確な文法力？

私の考えでは、「目を速く動かすこと」です。

「何を当たり前のことを」と思うかもしれません。が、その当たり前のことができている人が、意外に少ないのです。

語彙が豊富で文法が正確でも、目をゆっくり動かしていたら、速く読めません。逆に、語彙が貧弱で文法が不正確でも、目を速く動かせば、速く読めます。もちろん、そういう読み方では正確には読めないことが多いでしょう。しかし、ここでの目標は、正確に読むことではなく、速く読むことなのですから、目を速く動かすことが第一に大切になるのです。

「正確に読めないのであれば、読んでも仕方がない」と思うかもしれません。しかし、正確に読めれば時間がかかっても構わないかというと、そうではないでしょう。最終的な目標は、「速く、正確に」読む

ことです。そのために、精読と速読のトレーニングが必要なのです。今は、速く読むためのトレーニングとして速読を考えているのですから、「速く読むこと」を最優先するのです。「正確さ」は一時的に犠牲にして構いません。正確に読むためのトレーニングは、文法や精読で、すでにやっているのですから。

　「わかったわかった。では具体的に、どのくらいの速さで目を動かせばいいの？」と思うかもしれません。

　私の考えでは、「ネイティブと同じ速度」です。別の言い方をすると、「自分が同じ内容の日本語を読むときの速度」です。日本語の本を1日で1冊読める人は、英語の本も1日で1冊、目を通してしまいましょう。日本語の雑誌であれば数時間で目を通してしまう人は、英語の雑誌も数時間で目を通してしまってください。まったく同じスピードというのは、さすがに難しいかもしれませんが、それでも、1.5倍くらいの時間内に収めたいものです。日本語の雑誌を2時間で読み終えるのであれば、英語の雑誌は3時間くらいで目を通してしまう、といった具合です。

　速読と言っても、外国語である英語としては速いというだけであって、母国語である日本語では当たり前の速度なのですから、難しいことではありません。もし倍の時間がかかるようでしたら、速読のトレーニングとしては遅すぎです。内容の理解度は低下しても構わないので、もっと大胆に目を動かしてください。極端に言えば、理解度はゼロでも構いません。しつこいようですが、さしあたり、「正確に理解すること」はまったく目的に入っていないのです。

理解度は最初はゼロだったとしても、10、20、30パーセントというように徐々に上がってくるものです。慣れるのが早い人は、1ヵ月も続けていれば、速読したまま、精読しているときと大差ない理解度が得られるようになります。これは、初めて高速道路を運転するときと似ているかもしれません。初めは、景色が猛烈なスピードで流れていくように感じられて、標識を読むのも大変かもしれませんが、すぐに慣れてしまい、景色はゆっくり流れるように感じられて、標識も容易に読めるようになります。

　内容を理解できなくてもネイティブと同じ速度で目を動かす理由は他にもあります。それは本来あるべき姿を意識すること、つまり「ネイティブはこれくらいの速度で普段から目を動かしているんだ」と意識することによって、自分の読み方がどれだけ遅いかを認識できることです。自ずと、「もっと速く読めるようになろう！」という気持ちになります。読むのが遅い人は、自分の速度と本来あるべき速度とのギャップを認識していないことが多いものです。

　目を速く動かすことを何度も強調するのは、逆の人が多いからです。速読のトレーニングをしているのに「正確に読まなくては！」と細かいところを気にする人が多いのです。

　英語に限らず何のトレーニングであれ、効率的に上達するためには、何をトレーニングしているのかを意識することが大事です。よく挙げられる例ですが、ウェイトトレーニングをするとき、鍛える筋肉を意識するのとしないのとでは、同じウェイトで同じ回数を行っても、筋肉の発達に大きな違いが生じると言われています。肉体を鍛えるウェイトトレーニングでさえ意識のもち方が重要なわけですから、

頭脳を鍛える速読トレーニングであれば意識のもち方がさらに重要になることはあきらかです。

くどいようですが、理解しながら徐々にスピードを上げていくのではありません。それは精読のアプローチです。一気にスピードを最高にして、そのスピードを維持したまま、徐々に理解度を上げていくのが速読のアプローチです。

速読は、とにかく速く目を動かす！という気持ちが大切なのです。

あとがき

　学習法の本は毎月のように刊行されています。同じ分野の本があふれている中で、あえて本書を出させていただいたのは、私の前著を含めて学習本のほとんどが初中級者向けで、中上級者のための本は意外に少ないからです。初中級者ほど学習法で悩んだり迷ったりするのは確かですが、中上級者になって悩みが消えるわけではありません。そして中上級者の場合は、それなりに時間をかけて学習しているために、かえって閉塞感や悩みは深刻です。

　中上級者の多くは、自分なりの学習法を確立しているため、あまり学習本を読み漁ったりはしません。その時間があれば、学習に当てたほうが効率的なのを知っているからです。これは素晴らしいことなのですが、その反面、ちょっとしたヒントがあれば効率的にできるはずの作業にも、不必要に時間をかけていることがあります。また、自分なりの学習法を確立しているとは言っても、それで思うように上達できているかと言えばそうでもなく、長い間停滞していることが多いものです。本書は、そんな中上級者の役に立つことを目指して書きました。

　内容は、前著と同じく、私自身が実行して効果のあったものや、それを一般向けにアレンジしたものになっています。

　英語講師をしていてうれしいのは、生徒さんが上達して喜ぶのを手伝えたときです。本書によって皆さんの英語学習が加速し、上達の喜びを感じてもらえれば、著者としてこれほどうれしいことはありません。

著者紹介

土屋 雅稔(つちや まさとし)

神奈川県出身。千葉県船橋市で「エクセレンスイングリッシュスクール」を主宰。
TOEIC990、英検1級。国連英検特A級合格。
30歳で英語学習を開始、34歳から英語講師。
著書に『〈具体的・効率的〉英語学習最強プログラム』(ベレ出版)がある。

エクセレンスイングリッシュスクール
http://www.k4.dion.ne.jp/~ees/

中上級者がぶつかる壁を破る英語学習最強プログラム

2010年9月25日　初版発行

著者	土屋 雅稔
カバーデザイン	中濱 健治
DTP	WAVE 清水 康広

©Masatoshi Tsuchiya 2010. Printed in Japan

発行者	内田 眞吾
発行・発売	ベレ出版 〒162-0832　東京都新宿区岩戸町12 レベッカビル TEL.03-5225-4790　FAX.03-5225-4795 ホームページ　http://www.beret.co.jp/ 振替 00180-7-104058
印刷	三松堂印刷株式会社
製本	根本製本株式会社

落丁本・乱丁本は小社編集部あてにお送りください。送料小社負担にてお取り替えします。

ISBN978-4-86064-268-6 C2082　　　　編集担当　新谷友佳子

〈具体的・効率的〉英語学習最強プログラム

土屋雅稔 著

四六並製／定価 1470 円（5%税込） 本体 1400 円
ISBN978-4-86064-212-9 C2082　■ 296 頁

楽をして、英語が身につくことはありません。けれど、誰だって効率的に英語力を高めたいと願っているでしょう。本書は学習者の意欲と努力を決して無駄にしないために、具体的で効率的に学べる方法を示しています。たとえば市販の単語帳の使い方ひとつをとっても、著者は単に暗記するものと捉えず直読直解の訓練帳とするなど独創的な使い方を紹介します。学習者の心強い味方になってくれる一冊。

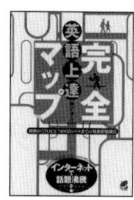

英語上達完全マップ

森沢洋介 著

四六並製／定価 1470 円（5%税込） 本体 1400 円
ISBN978-4-86064-102-3 C2082　■ 296 頁

日本人が一定の年齢に達してから英語を身につけようとする場合の効果的な勉強法には、いくつかの本質的な共通点があります。それらをふまえ、英語力をバランス良く伸ばすためのトレーニングメニューと進行の仕方を、実例をあげながら具体的に説明し、途中で挫折しないための心理的・技術的対処法や、上達を客観的にはかる方法を詳しく紹介します。

CD BOOK 英語圏で通用する英語

内之倉礼子 著

四六並製／定価 1785 円（5%税込） 本体 1700 円
ISBN978-4-86064-207-5 C2082　■ 336 頁

英語での意思疎通や基本的なコミュニケーションくらいはできるけれど、そこから一歩先に進むことができない中級英語学習者が、ネイティブレベルの英語力をモノにするために何をすればよいかを、具体的に教示します。現状の英語力を冷静に見据え、着実に目標を設定して英語力 UP を目指す本書のやり方は、外資系企業で働くことや英語圏での生活を実際に目標にすえた、本気で上級英語習得を目指す方に最適です。

どんどん話すための
瞬間英作文トレーニング

森沢洋介 著

四六並製／定価 1890 円（5%税込） 本体 1800 円
ISBN978-4-86064-134-4 C2082 ■ 208 頁

「瞬間英作文」とは、中学で習うレベルの文型で簡単な英文をスピーディーに、大量に声に出して作るというものです。文型ごとに中1・中2・中3のレベルに分けて、付属の CD と一緒にトレーニングしていきます。簡単な英文さえ反射的には口から出てこない、相手の話す英語はだいたいわかるのに自分が話すほうはからきしダメ、という行き詰まりを打破するのに効果的なトレーニング法です。

スラスラ話すための瞬間
英作文シャッフルトレーニング

森沢洋介 著

四六並製／定価 1890 円（5%税込） 本体 1800 円
ISBN978-4-86064-157-3 C2082 ■ 248 頁

前作『どんどん話すための瞬間英作文トレーニング』では、文型ごとに中学1・2・3のレベルに分けた例文を瞬間的に英作文して基礎力をつけました。本書では応用力をつけ反射神経を磨いていきます。前半では文型がシャッフルされた例文を、後半では文型が様々に組み合わさったちょっと長めの例文でトレーニングします。スラスラ話せるようになる英作文回路がしっかり作れるトレーニング法です。

ポンポン話すための瞬間英作文
パターン・プラクティス

森沢洋介 著

四六並製／定価 1890 円（5%税込） 本体 1800 円
ISBN978-4-86064-193-1 C2082 ■ 184 頁

本書は、『どんどん話すための瞬間英作文トレーニング』『スラスラ話すための瞬間英作文シャッフルトレーニング』既刊のこの2冊のように1文1文を英作文していく方法では日本語にひっぱられてしまって成果をあげづらいという方のために考えた、肯定文を疑問文にしたり、主語や動詞など部分的に単語を入れ換えてそれに瞬間的に反応して英作文していくという新しいトレーニング本です。

発信型英語 10000 語レベル スーパーボキャブラリービルディング

植田一三 著

四六並製／定価 2625 円（5％税込） 本体 2500 円
ISBN978-4-86064-211-2 C2082　■ 432 頁

上級者のための発信型語彙の決定版。英字新聞、TIME、Newsweek、ニュース放送などに必須の単語力が身に付く内容。1 章は勉強法と実力診断、2 章はノンジャンル別コロケーション、3 章は文系語彙、4 章は日本事象の語彙、5 章は理系の語彙の構成です。英検 1 級、準 1 級、TOEIC、TOEFL の高いスコアを目指す人にもお薦め。CD4 枚に日本語英語両方収録。ボキャブラリービルディングに最適の CD です。

発信型英語 スーパーレベルライティング

植田一三 著

A5 並製／定価 1995 円（5％税込） 本体 1900 円
ISBN978-4-86064-078-1 C2082　■ 376 頁

中・上級者のためのライティング学習決定版。英語の発信力を身につけるための語彙・表現、文法力アップ、英文引き締め、論理的なライティング力アップのトレーニングを徹底的に行います。また日英の発想の違いを学習し、日本人学習者の弱点、問題点を添削形式で練習します。発信型英語を身につけたい人の必須の一冊。

発信型英語 スーパーレベルリーディング

植田一三 著

A5 並製／定価 1995 円（5％税込） 本体 1900 円
ISBN978-4-86064-127-6 C2082　■ 376 頁

日本人学習者のリーディングの弱点・問題点を克服するために、9 つのセクションに分けて徹底トレーニングを行います。英検 1 級、TOEIC の高得点を目指す人、英語で情報を発信したい人にお薦。各種試験のリーディング対策のポイントを押さえ , 語彙・多義語・イディオム・構文解読・背景知識を身につけ、最後に難関大学の入試問題、英字新聞、エコノミストの記事にチャレンジします。

英語プレゼンテーション すぐに使える技術と表現

妻鳥千鶴子 著

A5 並製／定価 2415 円（5%税込） 本体 2300 円
ISBN978-4-86064-069-9 C2082　■ 368 頁

日本社会の国際化に伴い、日本人が英語で発表、英語で説明、英語でプレゼンテーションをする機会が増えています。本書は英語でプレゼンテーションをするときに必要な技術とよく使われる表現 3000 をまとめています。プレゼン原稿のアウトラインの作り方から効果的な発表の仕方までをやさしく解説。日本語表現から引ける索引付き。

MBA ENGLISH 経済・会計・財務の知識と英語を身につける

内之倉礼子 著

A5 並製／定価 2415 円（5%税込） 本体 2300 円
ISBN978-4-86064-105-4 C2082　■ 352 頁

北米における〈会社の仕組み〉〈経済の仕組み〉の解説から、〈財務諸表と会社責任・企業統治〉〈貸借対照表・損益計算書・キャッシュフロー計算書〉そして〈財務諸表分析〉までの会計・財務の知識と英語を、実際にカナダで実務に携わる著者がわかりやすく解説する本書。MBA 取得を視野に入れた人も、ビジネスでこうした知識が必要な人も、まさに必携の1冊です。

MBA ENGLISH 経営・マーケティングの知識と英語を身につける

内之倉礼子 著

A5 並製／定価 2415 円（5%税込） 本体 2300 円
ISBN978-4-86064-150-4 C2082　■ 360 頁

『MBA ENGLISH　経済・会計・財務の知識と英語を身につける』の姉妹編です。本書では前作であまり詳しく触れられなかった [経営・マーケティング] について詳しく学びます。前作とあわせれば MBA 取得に必要な基礎知識と英単語を身につけると同時に、MBA 留学で学ぶカリキュラムを疑似体験できます。

MBA ENGLISH ファイナンスの知識と英語を身につける

石井竜馬 著

A5並製／定価 2415円（5%税込） 本体2300円
ISBN978-4-86064-198-6 C2082　■ 320頁

MBAシリーズ、ファイナンス編です。12年の商社勤務後、アメリカ・ミシガン大学のＭＢＡを取得した著者が、アメリカのＭＢＡで実際に学ぶファイナンス理論を、わかりやすく簡潔にまとめ、さらに用語集を加えた本書。ファイナンス理論を学びながら、自然に関連用語を英語で身につけることができ、さらに用語集では英語による解説を読むことで、英語の運用能力を高めることができます。

MBA ENGLISH ボキャブラリー

石井竜馬 著

四六並製／定価 2940円（5%税込） 本体2800円
ISBN978-4-86064-162-7 C2082　■ 416頁

12年の商社勤務後、アメリカ・ミシガン大学のMBAを取得した著者が、留学中に出会った「身につけておくべき」英単語を中心に、アメリカでの生活とビジネスを通じてリスト化した「学ぶべき」英単語を一冊にまとめました。MBA取得のみならず、MBA留学を想定したアメリカ生活やビジネスにおいて「実際に役立つ」英単語・例文・日本語訳を掲載してありますので、無駄なく最短で「使える」英単語力を身につけられます。